中外名人传记

西方现代派绘画大师

毕加索

《中外名人传记》编委会 编著

全国百佳图书出版单位
时代出版传媒股份有限公司
黄山书社

图书在版编目(CIP)数据

毕加索 /《中外名人传记》编委会编著. —合肥：
黄山书社,2021.12
（中外名人传记）
ISBN 978-7-5461-9983-2

Ⅰ.①毕… Ⅱ.①中… Ⅲ.①毕加索(Picasso,
Pablo Ruiz 1881-1973)-传记 Ⅳ.①K835.515.72

中国版本图书馆 CIP 数据核字(2021)第 274930 号

中外名人传记·毕加索
ZHONGWAI MINGREN ZHUANJI BIJIASUO
《中外名人传记》编委会 编著

出 品 人 贾兴权
责任编辑 郑 程
责任印制 李晓明 李 磊
装帧设计 有品堂_刘 俊 张俊香
出版发行 黄山书社(http://www.hspress.cn)
地址邮编 安徽省合肥市蜀山区翡翠路 1118 号出版传媒广场 7 层 230071
印 刷 安徽国文彩印有限公司
版 次 2022 年 1 月第 1 版
印 次 2022 年 1 月第 1 次印刷
开 本 880 mm × 1230 mm 1/32
字 数 110 千字
印 张 5.5
书 号 ISBN 978-7-5461-9983-2
定 价 12.80 元

服务热线 0551-63533706
销售热线 0551-63533761
官方直营书店(https://hsss.tmall.com)

前 言

名人，顾名思义，就是著名人物，他们都在某个或某些领域做出了普通人无法做出的伟大业绩。他们都有着辉煌的成就，是成功的典范。名人取得成功的过程并不是一帆风顺的，比如大家熟悉的玄奘、华罗庚、居里夫人、爱迪生……他们克服了常人难以想象的困难，凭借着义无反顾的勇气和百折不挠的精神，历尽艰辛，才最终取得了成功。

青少年是早晨八九点钟的太阳，是含苞待放的花朵。青少年的成长有着无数的可能性。汉代刘向说："书犹药也，善读之可以医愚。"高尔基也说过："书籍是人类进步的阶梯。"一本好书，对青少年的一生将产生深远的影响。青少年通过阅读名人传记，可以受到潜移默化的影响，在名人精神的感召下，培养出优秀的品质，为自身的健康成长提供强大的精神力量，为终身发展提供源头活水。

为了适合青少年阅读，本套丛书精选了古今中外的28位名人，用简洁生动的语言，通过一个个生动活泼的小故事，把这些名人的一生呈现出来，具有很强的可读性。希望本套丛书能够给青少年无尽的启发，成为陪伴他们健康成长的良师益友。

本套丛书由《中外名人传记》编委会编著，编委会成员如下：贾兴权、李玲玲、马磊、周振华、高杨、张锐、徐娟娟、朱莉莉、欧阳慧娟、秦矿玲、刘春、周红、吴宝燕、张月阳、范丽娜、张元婷、侯雷、郑程、代立媛、周唯、胡晓静、胡月、章锐华、张墨农、徐之迅、程雅杰。

《中外名人传记》编委会

2021年12月

目　录

第一章　年少时光

第二章　牛刀小试

第三章 蓝色时期

第四章 玫瑰时期

第五章 立体主义

第六章　艺术探索

第七章　手握画笔的战士

第八章　夕阳无限好

第一章

年少时光

天才诞生

突然到来的地震

鸽子与斗牛

波折的求学路

克鲁尼亚的悲伤

天才诞生

欧洲第二大半岛伊比利亚半岛的南部，有一个美丽而古老的小城。它是西班牙第二大地中海港口城市，这里不仅风景优美、气候宜人，而且有着深厚的历史文化底蕴，是当时西班牙国内仅次于马德里和巴塞罗那的第三个美术中心，这里曾被称为“天堂般的城市”，它就是马拉加。

1881 年 10 月 25 日，一个普通的夜晚，在马拉加市梅塞德广场的一间公寓里，一个婴儿诞生了，他是唐·何塞·鲁伊斯·伊·布拉斯可和玛丽亚·毕加索·伊·洛佩兹的第一个孩子，他的出生颇具传奇色彩。

此时，孩子的爸爸唐·何塞由于公务繁忙，没有办法陪着妻子一起去医院生产，只得由他的弟弟布拉索陪伴。不幸的是，玛丽亚碰到了难产的紧急情况，婴儿一出生，全身上下都是青紫色，呼吸微弱，一动不动。家里人以为孩子没救了，连医院的助产士看到孩子的情况，都准备放弃这个孩子，转身去照顾产妇了。

就在这千钧一发的时刻，孩子的叔叔并没有放弃希望，十分幸运，他是一位经验丰富、医术精湛的医生。他仔细地观察着刚出生的小侄子，拍了拍他的屁股，婴儿没有反应，他无奈地叹了口气。

突然，他好像想到了什么，便迅速地点燃了一根雪茄烟，深深地对着烟嘴猛烈地吸了一口，然后对着婴儿吹了一口气。就在这时，奇迹发生了，他好像感受到了亲人的呼唤，猛地大哭一声，向大家宣告他的到来，宣告自己还是有顽强生命力的。

布拉索看着从鬼门关走过一遭的小婴儿，拿着他的雪茄骄傲地说："你们可别忘了，我也是一名医生，一名经验丰富的医生！"多年以后，这个婴儿已经长成大人，他曾回忆道："叔叔经常吸完烟后吐出来，并且对着我的脸吹！我生气地大哭，他却还在那哈哈大笑。"

当年的 11 月 10 日，也就是这个小婴儿出生 16 天后，他在圣地亚哥教堂接受了洗礼和命名仪式，他的名字叫巴勃罗·迭戈·约瑟·弗朗西斯科·德·保拉·璜·尼波穆切诺·希波连诺·德·拉·山迪西马· 特立尼达·鲁伊兹·毕加索，这一长串名字中包含了父亲、母亲、教父和教母的姓。巴勃罗是唐·何塞哥哥的名字，毕加索是玛丽亚的姓。由于何塞的姓氏在西班牙重名率太高，他便让毕加索用了母亲的姓氏。这个全名在马拉加市市政府出生登记簿上登记过以后，就再也没有使用过。

不会有人想到，费了九牛二虎之力才来到这个世界上的小婴儿，日后竟会成为享誉世界的天才画家，甚至可以说是20世纪西方最具影响力的艺术家，他就是巴勃罗·鲁伊兹·毕加索。

突然到来的地震

在毕加索的童年时期，首先给他艺术熏陶的便是父亲何塞，何塞是马拉加工艺学校的一名美术教师，他将自己的艺术天分遗传给了小毕加索。

何塞在整个家族中排行第九，他的哥哥巴勃罗是马拉加大教堂的牧师，也是整个家族的顶梁柱。作为教师的何塞却薪水微薄，所以毕加索一家的经济状况较差，只能靠何塞的哥哥资助。

巴勃罗对这个弟弟十分疼爱，他全力支持着弟弟的绘画爱好，经常补贴何塞一家，这让何塞可以追求自己的艺术理想，安心地从事艺术创作，不需要为家庭开支而烦恼。

然而不幸的是，突然有一天，巴勃罗去世了，这对一直在精神上和经济上依赖着他的何塞来说，世界仿佛轰然倒塌。为了纪念哥哥，他便给毕加索取了哥哥的名字巴勃罗来寄托自己的思念。

由于自己的工作收入微薄，他无法承担整个家族的经济重担，这个担子便落到了何塞的弟弟萨尔瓦多的肩上。

在何塞 40 岁那年，他碰到了一生中最重要的人——他的妻子玛丽亚，他原本是与玛丽亚的表姐艾米丽相亲的，却对美丽的玛丽亚一见钟情。

玛丽亚出生于马拉加的一个金匠家庭，她是意大利人，身上却有着犹太血统。她眼睛黑亮、炯炯有神，身材娇小，性格开朗活泼，充满了无限活力与青春气息。何塞看到她时，便不可自拔地爱上了这个可爱的姑娘。没过多久，他们就谈婚论嫁准备步入婚姻的殿堂了，这时，巴勃罗却突然去世了，这使得两人不得不将婚礼推迟到了两年以后。

两年以后的 12 月 8 日，何塞与玛丽亚终于如愿以偿，在圣地亚哥教堂举行了婚礼。

婚礼过后，玛丽亚的母亲以及两位没出嫁的姐妹埃拉迪亚和荷里欧朵拉一起跟着玛丽亚住进了何塞的家里。何塞的家位于马拉加梅塞德广场上的一个公寓里，所以毕加索一出生就被母亲、外祖母以及两个姨妈包围住，这让小毕加索无时无刻不感受到女性的气息，长辈的关心与爱护，让他好似被宠溺的小王子一般。

虽然两个姨妈都帮着做手工编织的活来补贴家用，维持生计,但是家庭的主要经济来源还是何塞。由于要维持一家六口的生活开销,他感到经济压力非常大,所以他不得不求助于弟弟唐·萨尔瓦多。唐·萨尔瓦多是马拉加港卫生局的局长,接到哥哥的求助后,他便帮助何塞找了一份马拉加美术馆馆长的职位,虽然只是个兼职,却大大减轻了何塞一家的经济压力。

这份工作对何塞而言,可以说是两全其美,因为这不仅解决了全家的经济难题,还为自己在艺术道路上的追求之旅打开了便捷之门。他利用工作的便利,与自己所敬仰的艺术家们朝夕相处,并且可以对馆内的绘画作品进行修复。毕加索也可以经常跟着父亲来到马拉加美术馆观摩艺术作品,接受艺术熏陶。

虽然何塞没有什么大的艺术成就,但他对绘画艺术的执着追求和无限热情却潜移默化地影响着毕加索。

据毕加索的母亲玛丽亚回忆,在毕加索很小的时候,她经常给毕加索制作一种叫"拖乳拉"的西班牙小饼干,这种饼干是"长长的、扭扭的、蘸糖的甜饼",整个饼干像螺旋一样呈现弯弯扭扭的形状。毕加索非常喜欢这种饼干,但他那时候还不太会说话,无法直接用语言表达,便在纸上一遍一遍地画着螺旋形的图案来告诉妈妈自己想要吃这个饼干。由此可见,毕加索是有着超乎常人的绘画天赋的。

据说,毕加索学会说的第一句话是"毕斯……毕斯……","毕斯”在西班牙语中与“铅笔”的发音相似,在毕加索刚学会用笔的时候,他就会拿着铅笔安静地坐在那里一连画几个小时,一动不动。

1884年,毕加索已经三岁了,圣诞前夜的一天早晨,何塞离开家去了戈梅斯开的杂货店与朋友聊天,就在他们聊得不亦乐乎时,突然,大地剧烈抖动,杂货店里的货物一件件地从货架上面掉了下来。店里的人都意识到地震来临了,何塞十分紧张,因为已经怀孕九个月的妻子玛丽亚还在家中。

他立即从杂货店中跑了出来,一路狂奔,转眼间就回到家中。此时,家中的玛丽亚慌张极了,两个姨妈也在不停地尖叫,惊恐的外婆紧紧地搂着小毕加索,一家人陷入了巨大的慌乱中。就在他们已经不知如何是好的时候,何塞赶了回来,给惊恐的一家人带来了些许安慰。

他拉起了玛丽亚的手,并一把抱起了还在惊恐中的毕加索,带着毕加索的外婆和两个姨妈一起逃了出来。直到跑到了外面相对安全的地方,一家人才稍稍放下心来。

何塞立刻和他的画家朋友安东尼奥·穆诺兹·德格兰商量,住到了他的家里。德格兰是西班牙现代美术史上一位举足轻重的人物,以描绘西班牙历史上重要的宏大场面而著名。德格兰的家在希布尔法洛山上,这里相对于毕加索的家来说要安全牢固得多，在这段日子里，他们感到惴惴不安，一方面需要担心地震的余波；另一方面，玛丽亚随时都有可能生产，十分危险。

这次地震危害不大，却给毕加索留下了不小的童年阴影，这种恐惧感深深地影响着毕加索后期的生活，父亲何塞敏锐地发现了这一点，便带着小毕加索走进绘画的世界，滋养他的心灵，平复他的心绪。

这一年的12月28日，母亲玛丽亚终于安全地生下了毕加索的第一个妹妹劳拉，安东尼奥·穆诺兹·德格兰成了劳拉的教父，毕加索十分喜欢这个妹妹。三年后，毕加索的小妹康契塔来到了这个世界。

在毕加索四岁的时候，他对剪纸十分感兴趣甚至可以说是到了着迷的地步，他能够快速地剪出花草、动物以及人物肖像等各种图案，栩栩如生。

鸽子与斗牛

何塞在马拉加美术馆里有一间属于自己的画室，在这里，他可以不受别人打扰，安心地作画，他经常带着毕加索来这里看自己画画。这个画室很普通，如后来毕加索回忆的那般：“这是和其他任何房间一样的普通画室，并不是很特别。它显然比家里的房间稍微脏一点，但我爸爸在这里不受干扰。”

何塞最喜欢画的就是小动物，尤其是鸽子。他经常带着毕加索去家门口的梅塞尔广场观察鸽子并作画，梅塞尔广场可以说是小毕加索儿时的游乐场，这里到处都是梧桐树，鸽子成群栖息在广场上和梧桐树上。何塞带着毕加索在广场上漫步，观察鸽子飞舞的姿态和停留时的姿势，给鸽子喂食，他教会毕加索如何去临摹这一个个鲜活的小精灵。

虽然何塞的绘画水平一般，但是毕加索画的鸽子却生动逼真。

多年以后，毕加索还对小时候父亲画的群鸽图记忆犹新，他曾说：“我父亲有一幅展示了成千上万只鸽子在鸽棚上空盘旋的油画。”后来人们找到了毕加索所说的这幅作品，发现当时何塞也只画了九只鸽子而已。毕加索对于父亲满是崇拜，在他看来，父亲的作品中描绘的景象是如此的壮观，这给了他无限震撼。

何塞在绘制鸽子的时候都是先在纸上画出很多个鸽子的单独的形象，然后把它们一个个剪下来，再将单独的小鸽子放在一起，反复琢磨，看如何搭配，直到创作出能让自己满意的完整的作品。

在绘制过程中，何塞不仅使用画笔和颜料等传统的绘图工具，还创造性地使用剪刀、大头针等一些工具。

这种独特的创作方式和对绘画工具的娴熟运用给了毕加索启发，他仔细地观察着父亲绘画时的样子，在后期的绘画过程中独创了拼贴立体主义画法，每当自己创作大型作品时，他都要先准备上百幅的素描画。

除鸽子外，何塞还喜欢画丁香花和风景画。

斗牛在西班牙十分流行，和大多数西班牙人一样，何塞也是一个疯狂的斗牛迷，基本上每场他都不会错过，他还经常带着毕加索去观看斗牛表演。

母亲玛丽亚对此十分不解，她觉得毕加索还太小，这项残酷的运动会对毕加索幼小的心灵造成不好的影响，毕加索去观看斗牛一定会感到十分害怕，夫妻两人便争论起来。

“毕加索太小了，你带他去看斗牛他一定会害怕的。”

“他已经不小了，他非常喜欢看斗牛的招贴画广告，何况我五岁的时候就和父亲一起去看斗牛了。”

“可是我还是不能同意。”玛丽亚继续反对。

“西班牙人需要了解斗牛，这是一个仪式，我们的儿子也必须了解斗牛！”

玛丽亚最终还是屈服了，她同意让何塞带着年仅十岁的毕加索去观看斗牛表演，毕加索十分恐惧但又非常兴奋。

多年后，毕加索回忆说：“当父亲带我去看埃尔·拉格蒂乔斗牛时，我已经十岁了。我记得他的头发是白色的，雪白的。那时候，斗牛士不像现在退休得这么早。是的，那时的公牛也不太一样，如此巨大——它们一连二十几次向马发起猛冲……这是我最清晰的儿童记忆了：我坐在他的腿上望着他，都不知所措了。”

斗牛士的服装以及斗牛的整个过程深深地印在毕加索的脑海中，斗牛的形象也像鸽子一样，在毕加索早期的绘画作品中经常出现。斗牛是他早期作品的重要主题。

作为毕加索绘画道路上最重要的启蒙教师，何塞的创作水平不算高,所以他的作品很难卖上一个好价钱。但不得不说他在教育儿子方面可以算是一个好父亲,他只要一有时间就陪伴毕加索,带着他观察生活中的各种事物,传授给毕加索自己的绘画理念和各种绘画技巧,并一直不停地鼓励儿子在绘画的道路上前行。

毕加索也展现了自己无与伦比的绘画天赋,成名后的他曾说:“我 7 岁时就可以画学院式的素描,而且巨细靡遗,颇为精确。”

波折的求学路

美好的童年时光总是短暂的，转眼间，毕加索就到了该上小学的年龄了，和很多顽皮的小孩一样，毕加索一点都不喜欢读书。

对毕加索来说，如果去学校上学，他就没有时间安心画画了，上学这件事对小毕加索来说是那么的恐怖。

无奈毕加索还是抵抗不过父母的坚持，像一个普通的孩子一样进入了小学课堂。从入学的第一天开始，他的小脑袋里就想出了无数个可以不去上学的理由，强烈的厌学情绪让他挪不动脚步。

对毕加索来说，画画是他唯一感兴趣的事情，书本上的字如天书一般，老师的话也是听不懂的，他对此毫无兴趣。

到了课堂上，他为了打发无聊又难挨的时光，就拿着自己的小画笔在画本上画着窗外的树林和小鸟，没一会儿，一幅作品就完成了。有时候,他甚至直接在课本上作画,课本被他画满了各种图案,已经没有空白了。

毕加索回答老师的问题也很不积极,老师气得直接将他关了禁闭,他却十分开心,因为这样他就可以自己一个人安安静静不受打扰地在小房间里作画了。有时候,他甚至故意在课堂大声喧哗,惹老师生气然后关他禁闭。

老师对这个表现特别糟糕的问题少年恨铁不成钢,便气愤地喊来毕加索的父亲,告诉他毕加索在学校的种种不良表现,让他把毕加索带回家去,这让何塞伤透了脑筋。

作为一个学生,毕加索的表现可以说是“糟糕透了”,但是,作为一个未来的画家,小毕加索表现出来的对于绘画的痴迷和无限热情给了作为绘画教师的何塞很大安慰。

父亲实在没有办法,只得让他从公立学校退学,然后把他转到圣斐洛私立学校去读书。

圣斐洛私立学校以管理严格出名,何塞希望毕加索在这里可以受到良好学习氛围的感染,也努力学习起来。此外,圣斐洛私立学校的校长是何塞的朋友,他可以让老师对毕加索严格管教。

让何塞失望的是,来到这里的毕加索依然我行我素,他讨厌学校烦琐的规章制度和死板固执的老师,他也懒得去听课,天天跟在校长太太后面转,甚至跑到校长太太厨房里去帮她做菜。

父亲实在没有办法，只得亲自接送毕加索上学放学。毕加索最喜欢父亲的画笔和鸽子，他和父母讨价还价，让父亲将他的画笔和鸽子模型送给自己才愿意去上学。他每天都带着新奇的物品去学校上课，同学们对此感到兴奋不已，都期待着第二天毕加索能够带什么新鲜的玩意来，也许是一个鲜活的鸽子，也许是父亲的一根拐杖。

他为了打发无聊的课堂时光，便将鸽子带入教室，在上课的时候描绘他们。但是，鸽子总是不停地跳跃并发出叫声，这会影响其他同学上课，老师命令毕加索将鸽子塞进书桌里面，并告诫他不许让鸽子发出响声。毕加索根本听不进去课，课后作业也没法完成，每次一上课就等着下课。

毕加索在绘画上的天赋非常高，在算术上却十分愚钝。对毕加索来说，做一道算术题比登天还难，画出一个栩栩如生的鸽子却不费吹灰之力。直到小学毕业，他连最简单的加减法都还不会，他觉得算术比绘画难了千万倍。

毕加索的父母意识到，也许模式化的学校教学方式并不适合毕加索，他们便决定请家庭教师在家里辅导毕加索学习，但是结果还是差强人意，毕加索依然对学习毫无兴趣，面对那些晦涩难懂的文化知识，毕加索没有办法集中注意力。

虽然毕加索的文化课成绩不行，但是他的绘画水平却有了长足的进步,1889 年,年仅 8 岁的毕加索就创作出了自己的第一幅油画——《马背上的斗牛士》。毕加索后来一直将这幅画带在自己的身边,可见他对这幅画的珍重。

《马背上的斗牛士》这幅画描绘了斗牛的场景:一个全副武装的骑马斗牛士正在向前行进,旁边聚集了助阵的观众。这幅画色彩鲜艳明快,构图富有逻辑性。从中可以看出这位对 20 世纪绘画界产生深远影响的艺术家那与生俱来的艺术天赋。

克鲁尼亚的悲伤

1891年冬天，马拉加市市政府为了节省公共开支，决定关闭马拉加美术馆，并将何塞的职位撤销。何塞听到这个消息后十分悲伤，立即表示抗议。

他是一位称职的馆长，每天尽职尽责地接待来访的观众并看护修复馆藏绘画作品，但是抗议无效，马拉加美术馆被关闭了，何塞也丢掉了这份工作。

突然失去了这份薪水，对于人口不断增加、支出日渐变多的何塞一家来说，无异于雪上加霜，一家人只能靠借债度日。对于小毕加索来说，父亲拥有的那间可以供他学习的小画室也随之失去了。

失去这份兼职工作的何塞便四处打听其他工作，希望能够找到一份工资更高一些的工作，好让他养家糊口。

终于,在1892年4月阳光明媚的一天,何塞在西班牙西北部克鲁尼亚省立美术学院找到了一份美术教师的工作,这份工作的薪资待遇比马拉加的那份工作还高一点。这让何塞十分高兴,虽然不喜欢克鲁尼亚,但他还是准备带着一家人搬到那里定居。

克鲁尼亚是卡利西亚省的省会,作为西班牙西北部的一个港口城市,克鲁尼亚毗邻大西洋,整个城市三面环水,但与马拉加相比,这里显得十分闭塞。

克鲁尼亚的气候也与马拉加明显不同,这里空气湿润,常年下雨,天空总是雾蒙蒙的一片,很难见到阳光,比马拉加寒冷得多。

毕加索一家刚来到这里的时候,对这里的气候、环境、语言都十分不习惯。而且他们在克鲁尼亚举目无亲,一个熟悉的朋友都没有,可以说是人生地不熟。他们住在克鲁尼亚省立美术学院门口帕约·果梅斯街的一座公寓里,一家人整日待在家里,甚少出门。

在克鲁尼亚,小毕加索十分想念家乡的小伙伴,就突发奇想,把克鲁尼亚的风土人情和他在这里听到的新鲜的故事画在纸上。他采用生动有趣的漫画形式 ,绘制了一份小画报来补充枯燥的文字叙述。他还创造性地在这份画报上面刊登广告,画报图文并茂,描述了他在克鲁尼亚的新生活。通过这个画报,他与家乡的朋友一直保持着密切的联系。

1894年9月,毕加索完成了自己的第一本手稿札记《克鲁尼亚》,并在10月28日将之题名为《蓝与白》。

来到克鲁尼亚工作的何塞,终于暂时解决了一家人的生计问题,但他又要为毕加索的学习问题操心了,何塞决定让毕加索进入加达尔美术学校读书。

按照毕加索现在的成绩,想要进入这所学校读书还是有一定难度的。现在只有一个办法,就是去毕加索所在的马拉加的学校开具一张转学证明,这样毕加索就可以免试入学了。

何塞找到一位在马拉加教育系统的朋友帮忙开具了转学证明,但是毕加索还是得参加一场“形式上”的考试,走个过场。

考试那天,监考老师出了几道算术题让毕加索作答,虽然题目十分简单,但毕加索一个都答不上来。老师十分无奈,不得不给毕加索出了一道更加简单的数学题,可是毕加索还是答不上来。老师只能让他把几个数字加在一起,算出得数,毕加索不仅不会算,还发挥想象,把这些数字连在一起画成了一只鸽子。他瞟了瞟四周,发现一个非常显眼的地方放了一张纸,纸上正好写有正确答案,赶紧抄下来。老师摇了摇头,勉强让他通过了这次考试,毕加索终于进入了这所学校。

在加达尔美术学校里,毕加索十分勤奋,没多久,他就可以熟练地使用光线的明暗变化和简洁的线条来表现形体，此时毕加索的绘画技巧已经十分娴熟了。

在这里，他接受了严格的学院派训练，作为一个传统的美术学院，这里每日的课程就是模仿历史上不同画派的作品。毕加索在广泛吸收先人作品精华的同时，也没有放弃自己独特的艺术追求，在巩固好基本功的基础上发挥创造性，为他后期形成独特的绘画风格奠定了基础。

毕加索曾说："我十几岁已经画得和拉斐尔一样好，但是却花了一生的时间学习如何画得像孩子。"

这时的毕加索还有一段朦胧的感情。他刚刚 13 岁，正是情窦初开的年龄，他与一个叫安格丽丝·门德·基尔的同班女同学互生情愫，但是毕加索与安格丽丝家庭差距很大，她出身于一个殷实的资产阶级家庭。他们彼此爱慕，毕加索为安格丽丝画了很多画，两人甜蜜地交往着，但是好景不长，女孩的父母很快就发现了毕加索的存在，他们觉得自己的女儿与毕加索门不当户不对，强烈反对这段感情，并设法把安格丽丝送去了另外一个城市潘普洛纳，两人被迫分开，这段感情无疾而终。

1895 年，何塞一家又遭遇了不幸，毕加索的小妹妹康契塔不幸染上了白喉，由于医疗条件的限制，这个病在当时是十分凶险的。

毕加索与他这个最小的妹妹十分要好，他经常给康契塔画很多肖像画，康契塔也十分乐意给哥哥当模特。即使患病以后，她还是强忍着病痛，继续给哥哥当模特，帮助毕加索完成肖像画的绘制。她始终保持着模特的姿势和灿烂的笑容。

看着康契塔病情一步步恶化，渐渐到了无法医治的地步，毕加索十分悲伤，他虔诚地向上帝祈祷，只要妹妹的病可以好起来，他宁愿放弃自己深爱的绘画，从此搁置画笔，不再作画。

尽管康契塔对这个世界如此留恋，对她的哥哥如此依恋，尽管家里人想尽一切办法挽留她年轻的生命，她还是离开了人世。这让全家人悲伤不已。

毕加索不仅为妹妹画肖像画，还为父亲的朋友们画肖像画。他曾给西班牙第一共和国的部长唐拉斯·佩雷斯·科斯塔利斯画过像，画中的唐拉斯·佩雷斯·科斯塔利斯有着独具个人特色的两撇八字胡和坚定的眼神。

在克鲁尼亚，毕加索创作出了一系列人物肖像作品，如《加利西亚老人》《戴帽子的乞丐》《老年朝圣者》《加利西亚女人头像》《赤脚姑娘》等。

《赤脚姑娘》这幅画描绘了一个穷苦的女孩，她光着脚，脚上长满了冻疮，在寒冷的冬天，女孩被冻得瑟瑟发抖，眼神中充满了忧郁与悲伤。整幅画用笔稳健，整体风格朴实厚重。

何塞惊叹于毕加索此时的作品，他对毕加索的能力充满了信心。

一天晚上，何塞正在绘制一幅鸽子图，但是他临时有事需要出去，便让毕加索帮他将自己没有画完的鸽子的一只脚绘制完成，安排完后，他便离开家出去了。

让他感到十分惊喜的是，等他回来的时候，鸽子的两只脚都被画好了，而且十分生动形象，整个鸽子好似要从画中展翅飞出一般。他大为惊叹，当即决定将自己的画笔、颜料以及调色板交给当时只有14岁的毕加索。

何塞郑重其事地对毕加索说："巴勃罗，你画得实在太好了，已经超过我的水平了，这是我画画用的笔和颜料，现在我决定把它们交给你了，你可要好好地画画。"

"爸爸，那你今后是怎么打算的？"毕加索似乎并不明白父亲的意思。

"我决定不再画画了。"何塞坚定地说道。

此时的何塞已经发现自己在绘画方面的成就仅止于此，儿子毕加索的画早已远远地超过了自己，自己也没有什么可以教给毕加索的了。

这个充满仪式感的交接活动给了毕加索莫大的鼓励，不得不说，何塞真的是一个好父亲，他没有因为毕加索文化课成绩不好而看轻他、放弃他，反而不停地鼓励着毕加索追求自己的理想，让他在自己所擅长的领域满怀自信。

可以说，父亲何塞对毕加索的影响是巨大的，毕加索后来曾回忆道："每当我画一个男人的时候，我总会自动地想起我的父亲。对我来说，唐·何塞是最优秀的人，只要我活着，他永远是最优秀的人……"

毕加索的母亲虽然对儿子在艺术方面的能力和才华不太了

解，但是她总是无条件地支持着儿子，她一直对自己的儿子充满信心，她曾这样评价毕加索："毕加索要是去当兵的话，肯定会当上将军；毕加索要是出家修行，肯定会成为教皇。"

妹妹的去世让毕加索深受打击，克鲁尼亚的生活也让他感觉十分不习惯，这里缺少艺术氛围。后来毕加索曾回忆自己在克鲁尼亚的生活，他说："那里没有朋友，没有斗牛，什么都没有，能做的只是盯着窗外的雨发呆。"

面对着克鲁尼亚潮湿多雨的天气，毕加索深深怀念马拉加那明媚的阳光。

第二章

牛刀小试

马拉加的假日

巴塞罗那的生活

皇家圣费尔南多美术学院

四只猫咖啡馆

马拉加的假日

1895年的一天，何塞突然得知一个消息，有一位在巴塞罗那隆哈美术学校任教的教师想要回到家乡克鲁尼亚来教书。何塞只要和他对调工作，就可以到巴塞罗那隆哈美术学校教书。

这一消息对于沉浸在悲痛中的何塞一家来说无疑是个好消息，他们终于可以离开克鲁尼亚这个伤心之地，去巴塞罗那了。

巴塞罗那位于伊比利亚半岛的东北部，是西班牙最大的商业港口，也是地中海西岸地区的商业和旅游中心。

在去巴塞罗那之前，毕加索必须把自己的一些作品处理掉，在父亲的帮助下，他将自己的作品挂在杂货店里面展览出售。他还在报纸上为这些作品写了画评，做了一个小广告。

杂货店里满是衣服和雨伞，毕加索的作品在这些杂货中间显得光彩夺目，画中有披着黑丝巾的劳拉和家里的女仆等一系列人物。这些肖像画作品并没有得到好评,很多画家对此不屑一顾,他们觉得毕加索才 14 岁,他的作品并不成熟。甚至有画家说:“莫扎特写第一交响曲时才 11 岁。但没有听说过 14 岁的孩子能画出伦勃朗的《巡夜》的,画画,大器晚成,只有成人才行。他需要长期的学艺。”他们没料到,毕加索就是这么的与众不同。

这一年的夏天,何塞一家决定先绕道马德里,回马拉加度假,再前往巴塞罗那。

一开始何塞是准备直接带着一家人回马拉加的,但是他想让儿子参观一下位于马德里的普拉多博物馆,见识一下西班牙艺术大师的杰作。

普拉多博物馆是西班牙的国家级艺术殿堂,馆内收藏有西班牙以及其他国家艺术大师的经典作品。这次参观,毕加索有机会第一次近距离接触这些艺术大师的作品。何塞为毕加索介绍了戈雅、委拉斯凯兹、埃尔·格列柯等西班牙著名画家的生平和作品。

何塞十分推崇戈雅的画风和他的创作理念。戈雅曾经高呼:“用画笔使反抗欧洲暴君的起义英雄们永垂不朽。”这种对绘画的理解与创作理念深深影响着毕加索后期的艺术创作。

这些画家中委拉斯凯兹对毕加索的影响最深,甚至可以说影响了毕加索一生的艺术创作。委拉斯凯兹是西班牙 17 世纪的画家，是现实主义绘画大师，他最著名的是肖像画，代表作有《宫娥》《伊索》等。20 世纪 50 年代，毕加索修复了委拉斯凯兹的《宫娥》，并且创作了五十多幅与《宫娥》相关的作品。

在普拉多博物馆，毕加索仿佛进入了梦幻的艺术殿堂，他如饥似渴地吸取着营养，却又有所创新。他抛弃了这些传统画法，颠覆了传统艺术的审美观念，开创了属于自己的全新的艺术天地，站在巨人的肩膀上，他并没有因循守旧，而是不断开拓创新。

在马德里短暂停留后，何塞一家就回到了家乡马拉加。他们与亲戚朋友团聚，十分高兴，并且住到了何塞的弟弟萨尔瓦多家中。

如今回到家乡的毕加索已经不是那个叛逆的厌学少年了，他拥有着让人惊叹的绘画才能，家乡的亲朋好友开始对毕加索刮目相看。尤其是毕加索的叔叔萨尔瓦多，当他看到毕加索的作品时，大加赞赏并对这个小小少年寄予厚望。他决定支持毕加索的绘画创作，每天给毕加索五个比塞塔，供毕加索购买绘画用品使用。比塞塔是当时西班牙的货币，这笔钱对一个十几岁的孩子来说，已经是一笔不小的数目了。萨尔瓦多还利用自己工作的职权帮毕加索找了一间画室，并雇了一名退休的老水手作小毕加索的模特。

在马拉加度假的日子里，毕加索仔细地观察着这个自己已经离开了多年的家乡，故乡的一草一木还是那么熟悉，那些鸽子让他印象如此深刻，他要描绘它们。

巴塞罗那的生活

1895 年 10 月，何塞一家乘着帆船沿着地中海向巴塞罗那行进，旅途中，他们路过了西班牙地中海沿岸的几个著名港口城市，如阿尔梅里亚、阿利坎特、巴伦西亚等。

毕加索在旅途中享受着美景，不停观察，他创作了一系列海景画。

让毕加索没有想到的是，此时的巴塞罗那正处在动荡不安之中，整个城市到处都能看到"现代主义"的艺术家们高谈阔论着自己对于艺术的理解，他们反对"奄奄一息的社会和自取灭亡的政府领导"。

这种文艺思潮给了毕加索极大的冲击，他感到非常震惊。

到了巴塞罗那以后，何塞顺利进入隆哈美术学校担任美术教师。为了方便照顾毕加索，何塞想让毕加索也进入这所学校读书，让人为难的是学校规定学生必须年满 20 岁才有资格参加入学考试，可是此时的毕加索仅仅只有 14 岁，他是没有资格参加考试的。

何塞想尽了一切办法最终才让校方松口，同意毕加索参加入学考试。这个考试很严格，规定学生在一个月内完成两幅作品，但这对毕加索来说只是小菜一碟。他根本没把这件事放在心上，几天便完成了这项考试。在他创作的入学作品中，毕加索熟练地运用朴实的写实主义手法，这种表现手法对他来说可谓轻车熟路。

他在考试中的表现得到了老师的一致好评，他们惊叹于毕加索的才华，不仅破格录取这位少年，还让他直接进入高年级学习，毕加索可以不用上基础课程、学习基本的素描技法了。

然而让毕加索感到失望的是，这所美术学校的教育理念与教育方法并没有比他之前读的美术学校先进多少，这里的学生必须严格按照实物写生。

毕加索很快就对这种死气沉沉的教育方式感到反感，他早已达到了一个成熟的艺术学生所应达到的水平了。

很快，他就我行我素起来，基本上不再去课堂上课，他将大量时间用在课外写生上。

他穿梭于巴塞罗那的大街小巷，描绘人物、花鸟，即使像隆哈美术学校的校长如此优秀的人像画家在看到毕加索所创作的写生作品时，都惊叹不已。

毕加索后来常常吹嘘自己的这段经历：巴塞罗那美术学院的老师们根本不配教他。

对于这段学习生涯，毕加索后来回忆起来时说："我讨厌在巴塞罗那的那段学习生涯。"

毕加索在巴塞罗那的画室是何塞为他找的，这间小画室位于他们居住的梅尔赛街 3 号与何塞所在的美术学院之间的普拉塔街，这是毕加索的第一间属于自己的画室。

在这间画室里，他创作出了少年时期的第一幅最重要的油画作品《科学与博爱》。

《科学与博爱》画了一个虚弱的妇人病恹恹地躺在床上，她面色苍白，一只手垂在床边，另一只手捂在胸前。床边坐着一位内科医生，他正在给这个女病人把脉。床的左边站着一个修女，她也是照顾病人的护士。修女一只手抱着孩子，另一只手给女病人端水。

这幅画最为人称道之处就是画中女子的那双手，这双手柔软细长，表现出了病人丰富的情感世界。但这只手画得十分苍白，有人看到这幅画以后觉得这画的并不像是一双手，而像是一个手套，当时甚至还有一位评论家就此创作了一首打油诗：

面对着这般忧伤，
原不该大笑狂妄，
实在是情有可原：
问君何时可曾见，
医生为手套搭脉临床？

为了对毕加索表示支持，这次绘制过程中，何塞也担任了模特，他扮作了病人床边的医生。

伴随着不屑与讥笑，这幅作品成功入选了 1897 年马德里全国美术作品展览，后又被送往马拉加，在马拉加美术展览会上获得了金质奖章。

毕加索的叔叔对这个优秀的侄子所取得的成绩感到十分骄傲，他一直将这幅画作挂在客厅里最显眼的地方，后来这幅画又被移至他的妹妹劳拉·维拉托夫人的寓所之中。

毕加索的初步成功，让何塞也有了一种荣誉感，虽然他自己的创作水平有限，但是儿子明显已经超过了自己，他要一步步指导毕加索走进艺术的殿堂。对于毕加索的天赋和他自由散漫的生活态度，何塞并没有一味地压制，而是尽自己最大的力量去保护。

在此期间，毕加索还创作了《第一次圣餐》等三个题材的作品,这是一套具有“沙龙”风格的画。

《第一次圣餐》这幅画于 1896 年 4 月在巴塞罗那全市美术展上展览,标价 1500 比塞塔,这比《科学与博爱》的参展时间还早。《第一次圣餐》显示出年纪轻轻的毕加索已经具有处理高难度细节的能力。当地的报纸对这幅画评论道:“画中人物富有感情,局部轮廓线条明快。”

很难想象,《第一次圣餐》与《科学与博爱》都出自一个仅仅十五六岁的少年之手,这两幅油画都是以西班牙天主教为背景绘制的,展现了毕加索在绘画上的表现力。

在隆哈美术学校学习期间,毕加索还创作出了《初领圣体》,画中他将妹妹劳拉描绘成了一个穿着白纱裙、戴着白色面纱和手套、头上戴着花冠的少女。她跪在祭坛面前,双手虔诚地捧着《圣经》仔细阅读,祭坛的右边站着一个身穿白色外套的少年。劳拉的左边站着一个有着大胡子的男人,表情凝重严肃。这幅作品也于 1896 年入选巴塞罗那全市美术展览,当地报纸对这幅作品评价很高。

在巴塞罗那,毕加索还认识了另外一位画家曼纽尔,他也是美术学校的学生,他仅仅比毕加索大 5 岁,却成熟而冷静,他们经常在一起绘制作品并讨论。他们一起逃课、一起在街头游荡,毕加索的父母也经常邀请曼纽尔来家里做客。毕加索将曼纽尔奉为一生的知己和精神寄托，在认识曼纽尔不久，他就为曼纽尔绘制了一副肖像画。

曼纽尔曾评论毕加索说："毕加索很有魅力，在人前总是显出一副孤傲的模样。他非常早熟，我们在一起，外人根本看不出年龄差别。他总是能很敏锐地抓住事物的关键之处，不过在上课时几乎从来就没见他听过课……有时他很活跃，有时又几个钟头都不发一言。"

皇家圣费尔南多美术学院

何塞此时认定毕加索将在绘画方面有所成就，便说服弟弟继续资助毕加索的绘画学习。1897 年，16 岁的毕加索顺利从隆哈美术学校毕业。为了让儿子在艺术方面发展得更好，何塞决定送毕加索到西班牙艺术类学府的最高殿堂——皇家圣费尔南多美术学院学习。他觉得那里是唯一可以提供正规学院教育的地方，是美术宇宙的中心。有萨尔瓦多叔叔的经济资助，又有何塞的绘画老师安东尼奥·穆诺兹·德格兰的引荐，毕加索决心继续追求自己的艺术梦想，去参加皇家圣费尔南多美术学院的入学考试。

皇家圣费尔南多美术学院是位于西班牙首都马德里市中心的一所美术学校，它创建于 1744 年，由西班牙国王下令创建，在费尔南多六世时期，曾是西班牙三大美术学院之一。皇家圣费尔南多美术学院里陈列着戈雅、委拉斯凯兹等西班牙伟大艺术家的作品。

在皇家圣费尔南多美术学院的入学考试中，他再次上演了自己在隆哈美术学校的传奇一幕，轻松地通过了入学考试，成为这所学校的学生。由于当时毕加索手头拮据，他不得不暂时住在桑·佩德罗·马丁街一处简陋的房屋里。

在这里，老师依然用传统学院派的方法教学，这让毕加索感到十分压抑，他本来对这里的学习充满了期待，但是这次他又失望了，他觉得它“太老派了”，老师所教的内容自己早都掌握了。在这里，毕加索仍旧“不学无术”，他很少去上课，反而更喜欢去学校的画室。他给在巴塞罗那的朋友约昆·巴斯写了一封信，信中说：

亲爱的巴斯，这都是些什么画家呀！他们简直就没有一点常识！正如同我所料想的那样，他们就会唠唠叨叨，翻来覆去还是那一套老生常谈，绘画上就是委拉斯凯兹，雕刻上只有米开朗琪罗，如此而已。莫里诺、卡勃尼诺在教我们画写生后的第二天夜里对我说，我画的人像完全合乎比例，也合乎素描的标准，但又说我应该用直线条，那样更好，因为要做的一切就是装箱（但愿不是“装腔”）。他的意思是说，构图就是一个箱子，能把所画的人装进去。对他们这些胡说八道,你很难相信吧?但有一点倒是真的,不管是否按照他的想法去做,他确实知道的不少,而且画得不坏,让我告诉你,为什么他画得不坏吧,因为他去过巴黎,上过那里好几所美术学院。可是请你不要误解,我们西班牙人并不笨,只是我们的教育太差劲了。这就是为什么我以前对你说,如果我有一个想当画家的儿子,我就不会让他在西班牙待半刻。当然我也不会把他送到巴黎去(尽管现在我自己倒很想去),我可能送他去慕尼黑之类的什么地方,因为那里的人学画态度严谨,头脑里没有什么彩派之类的观念。我并不是想说,那样画就一定不好,我所不喜欢的是,一个画家在某种风格上取得了成功,结果大家一窝蜂似的都跟在他的后面跑,我并不相信追随某一画派有什么好处,那样只会导致形式主义和画家的虚伪做作。

我打算给你寄去一张画,请你送到《巴塞罗那画刊》,他们要是买的话,你一定会哑然失笑,这幅画将是“新艺术”之类的作品,因为那个报纸就喜欢这类东西。你会看到,无论是诺尼尔还是小麦斯蒂克,还是皮乔特,或是任何其他人,谁也没画过我这稀奇古怪的画,他们画的连我的一半都赶不上。

毕加索虽然对皇家圣费尔南多美术学院的教学大失所望，但他对于几年前父亲带他参观过的大师们的经典作品仍然念念不忘。似乎学校教育并不适合他，他几乎放弃了学院的课程，整日泡在普拉多博物馆里。

这里仿佛才是毕加索学习绘画的课堂，这里有格列柯、委拉斯凯兹、戈雅等人的作品，他在这里汲取营养，获得灵感。毕加索曾经临摹格列柯的许多名画，其中一幅临摹肖像画中瘦长的脸、尖尖的山羊胡子以及逼人的目光完全是格列柯风格的再现。委拉斯凯兹对其影响尤为深远，他对委拉斯凯兹的作品一遍又一遍地观摩欣赏，他曾写信给巴斯说：

> 委拉斯凯兹是第一流的。这里也有几张格列柯的辉煌作品。穆立罗的作品并非始终都令人信服。提香的《多洛罗纱》是好的，另外还有凡·代克画的几幅优美的人像，鲁本斯的天才闪烁着耀眼的光辉。丹尼尔创作了几张醉酒者的美丽图画，我还不能肯定是否喜欢他画的所有题材……

在毕加索看来，真正的艺术是源于现实的，而不是像学院派那样抽象的、毫无生机的重复。在美术学院里面，学生每天做的工作不是进行机械的训练，就是重复，他们没有艺术嗅觉。此时的毕加索十分不开心，在这里，他既没有家人也没有朋友。

除了这里，毕加索最爱去的地方还是马德里嘈杂热闹的街头，他喜欢外出写生，他几乎走遍了整个城市，在马路上自由自在地观察别人的生活。他对那些暗得可怕的小胡同和门廊很感兴趣，那些人不论男女老幼，虽然生活艰苦，朝不保夕，但他们有说有笑。毕加索被这一生活场景感动了，只有在这里，他才能用笔勾勒出人的性格。仅仅几个月时间，毕加索就画了五本马德里街头速写，其中有两本是在一个月内完成的。在这些速写中，他尽可能变换各种手法和技巧，也尽可能画出多种景象。

此时的毕加索虽然郁郁寡欢，但他却真正脱离了何塞的保护和教育，获得了独立的思考和创作空间，拥有了独立的人格。毕加索即将踏上一条独自前行的道路，这条道路虽然荆棘丛生，却精彩异常。

萨尔瓦多叔叔对他的表现十分失望，他不再给毕加索提供经济支援，只有父亲何塞一直无怨无悔地支持着他。他的生活突然变得拮据起来。毕加索曾回忆说："饿肚子倒没有什么，可是几天不能画画，我就像停止了呼吸一样。"

1898 年，贫困交加的毕加索病倒了，他患上了猩红热，猩红热在那时候是一种非常严重甚至有可能危及生命的疾病。他病得非常严重，到了夏季才有康复的迹象。毕加索的好友帕利亚雷斯得知他的情况以后，便邀请他离开马德里，去自己的家乡阿拉贡山区一个叫埃布罗花园的小山村养病。埃布罗花园风景优美，空气清新，那里长满了葡萄藤和橄榄树。去那里养病，不管对毕加索的身体还是情绪，都将会有很大益处。

毕加索欣然接受了他的邀请，他想在那里休养生息、恢复精力。在埃布罗花园，他是轻松自由的，他第一次领略了农村的景色，醉心于美丽的大自然风光，并亲自动手干各种农活，感受到了另一种为了生存劳碌奔波的生活。

乡村的自然风光、淳朴的民风、贫瘠的土地、富于地方特色的建筑让他有了未曾有过的自由感和脚踏实地的感觉。

在这里，毕加索与帕利亚雷斯每天一起在埃布罗山上周游，攀山越岭、看日出日落，尽情享受埃布罗花园美丽的自然风光，感受当地淳朴的民风。后来当毕加索回忆起这段时光，他不无感慨地说："我在霍尔塔学到了一切。"

等到夏天天气炎热的时候，他们就一起搬到山洞里面，"这地方正好当一个画室"，毕加索总是这样突发奇想。帕利亚雷斯欣然同意了。他们睡在用草铺成的床上，饮着山泉水，晚上靠烧篝火来取暖。他们在山洞里住了将近一个月，这期间，都是帕利亚雷斯的弟弟步行几十里山路给他们送来食物，毕加索的父亲何塞则给他们寄来一些画布及画框。毕加索在山洞画室里面画了不少动物画，描绘了马、山羊等动物。

此时，还有一个茨冈人陪伴着毕加索和帕利亚雷斯。“那个茨冈人比毕加索小两岁，也是画家。他们每天大部分的时间用来画画。他们观察奇迹一般的日出，并长时间地散步。不久之后，他们就结下了炽热的友谊。”毕加索跟着茨冈人学会了用鼻孔抽烟和跳弗拉明戈舞蹈。他们友谊深厚，甚至还用小刀割腕，然后将鲜血融合在一起来表示对彼此的真情。

在这里，毕加索和当地的农民打成一片，他结交了许多老实善良的农民朋友。到了农闲季节，他准备画村子里的农民了，那些农民也特别愿意让自己成为绘画作品描绘的对象，纷纷让毕加索画自己的肖像。他所创作的一幅名叫《阿拉贡人的风俗》的作品在马德里和马拉加的画展上再次获奖。他深入下层人民的生活中，对他们的不幸遭遇抱着深切的同情，对人吃人的资本主义社会进行深刻的讽刺。

在埃布罗花园，毕加索遇到了一个名叫霍塞塔·塞巴斯提亚·曼德拉的姑娘。他为她画了肖像画，画中的姑娘仿佛充满了惧怕，“这是当时灾难深重的西班牙人民的写照”。毕加索在这幅画上写上了姑娘的名字和自己的签名“毕加索”，这是他第一次在作品上使用这个签名。这之后，这个名字伴随着他的作品闻名于世。

在这里，他暂时忘却了让他感到压抑的皇家圣费尔南多美术学院和他的父亲，感受到了极大的自由，他度过了一生中最快乐、最有意义的八个月。后来，毕加索多次故地重游，可见他对埃布罗花园的喜爱。

这一时期，毕加索的画以忧伤的蓝色为主调，描绘了无数表情冷淡、面容干枯、身体僵直的被社会抛弃的孤独者。在埃布罗花园，他的现实主义的创作手法基本定型。他的画风严谨活泼，能够生动地反映所描绘对象的光线变化。他在回忆往事时曾说：

“我所知道的一切,都是在霍尔塔·德·埃布罗学习的。”

毕加索在埃布罗花园一直待到 1899 年 2 月才依依不舍地回到了巴塞罗那的家中。毕加索后来画了无数作品来纪念这段时光,帕罗·法布里在给毕加索写的传记中曾说:“毕加索笔下的世外桃源是可遇不可求的,后来再也没有出现过……对毕加索大半生甚至一辈子而言,霍尔塔是他的‘失乐园’。”

毕加索想要找一条适合自己的艺术道路,他决定选择绘画作为正式职业而再也不愿意按照父亲的意愿回到皇家圣费尔南多美术学院。虽然为他感到担忧,父亲最终还是妥协了。

四只猫咖啡馆

1898 年 12 月 10 日，美国和西班牙签订《巴黎和约》，西班牙将菲律宾、关岛、波多黎各割让给美国，同时放弃在古巴的一切权利。美国人占领马尼拉，巴塞罗那的大街小巷都是伤残士兵，西班牙帝国时代终结了。

毕加索从霍尔塔回来后，一下子被现实打击，看着到处都是死亡的场面，这种黑暗的氛围也弥漫在他的作品之中。《死神的吻》《死神的叫喊》《死神降临》《两个极度痛苦的人》《牧师看望濒死的人》等作品中的人物无不面色苍白，背景都是灰暗的，毕加索创作的“黑色时期”到来了。

毕加索对父亲的反叛让父亲减少了对他的经济帮助，他靠卖画也赚不了多少钱，他便与同学约瑟·卡尔多纳·圣地亚哥一起合租并共用一间位于艾斯布兰克街一号的小画室，这里是巴塞罗那老城区的中心。何塞听闻此事,便写信给玛丽亚说:“听说毕加索开始工作了,这真叫我高兴……我把他的画拿给安东尼奥看,画得还不错。安东尼奥说毕加索去年一整年无所事事。不过这些已经过去了。”可以看出,即使儿子反叛,何塞对他还是十分看重的。

在这里,毕加索经常以妹妹劳拉为模特,绘制她的肖像。他把劳拉画成一个西班牙女郎,女郎披着一条纱巾,头上插了一朵玫瑰花。

这间画室的第一位到访者是现代派青年诗人卡洛斯·卡萨吉玛斯。他出身名门望族,他的父亲是美国驻巴塞罗那领事,他是一位诗人,也从事雕塑作品创作。多年后,卡萨吉玛斯回忆起当年和毕加索第一次见面时候的场景时说:“我还记得初次拜访他的情景。他的画室在艾斯布兰克街,中午时,我起身告辞,但眼睛却无法从他的画上移开,毕加索站在画室外通往前门的走廊上,注视着我,使我愈发感到窘迫。当我走到他面前说再见时,我深深折服于他魔力般的天才,使人看到了希望。”卡萨吉玛斯是毕加索年少时最好的朋友,他热情又有才华,性格极端而又忧郁,他的气质也吸引着毕加索。不久,卡萨吉玛斯就与他一起创办了一个更大的画室,卡萨吉玛斯负责画室的开销。他俩天天形影不离,每日都在一起谈论艺术与诗歌。萨巴特曾说卡萨吉玛斯与毕加索“好得超过了任何一位朋友”,“他帮毕加索实现各种想法,聆听他没完没了的白日梦吃”。

卡萨吉玛斯向毕加索介绍了“四只猫咖啡馆”,毕加索对这个有着奇怪名字的文艺酒店产生了巨大的兴趣。让毕加索没有想到的是,在巴塞罗那的日子里,他的生活将要聚焦在有着巴黎风格的“四只猫咖啡馆”上。

“四只猫咖啡馆”位于巴塞罗那一座哥特式的建筑里。他的创始人名叫佩罗·罗梅乌。他是画家兼诗人,也是一个巴黎迷,并且具有梦想家的气质。为了建造“四只猫咖啡馆”,他专门考察了美国和法国,他决定要在自己的家乡开设一家像布吕昂所经营的巴黎的“黑猫”俱乐部一样的具有波希米亚风格的咖啡馆。他选定了一座哥特式的建筑,将其中的大房间当成酒吧和音乐厅,画家拉蒙·卡萨斯在这里与尤特里共同出版了《画家与作家》《形式》等艺术刊物。

“四只猫咖啡馆”的招牌上有两只猫的纹饰,一只猫半黑半白,另一只半灰半黄,因此就有了四只猫。在当地俗语中,“四只猫”就是“一群朋友们”。“四只猫咖啡馆”的门口有一幅老板佩罗·罗梅乌和卡萨斯的画像,画像中他俩骑着双人自行车,画像的标语是“直起腰来,就没法骑车了”。

当时众多艺术家时常在这里聚会,举办展览、文学讨论会和音乐会,包括鲁斯诺尔、卡萨斯、诺内利等人。他们在那里树起了现代主义的大旗,他们畅谈艺术,交流心得。

没过多久,年仅 18 岁的毕加索就融入了“四只猫咖啡馆”。他是这里年龄最小的,不经常发言,总是坐在角落里抱着速写本不停地画,听着众多艺术家的发言和争论,只有当他认为自己的意见足够成熟时,才会发表几句评论,虽然简洁却十分精彩。虽然他年龄很小,咖啡馆的其他艺术家却十分重视他。赛巴斯泰曾回忆说:“他拥有令人震惊的天才,我们将他作为英雄来谈论。”

在“四只猫咖啡馆”,毕加索从事模仿性的绘画工作,他画了大量练习作品,并随手勾勒出以朋友为描绘对象的漫画。

这些艺术家中的很多人对毕加索未来的创作有很大的影响和帮助。如雕刻家胡里奥·冈萨雷斯教会了毕加索创作铁质雕塑。没过多久,毕加索就后来居上,成了这里的“明星”,他们形成了一个以毕加索为中心的小集团,当时很多朋友后来都与毕加索保持着长久的友谊。据说咖啡馆菜单的封面也是由年轻的毕加索设计的。

1900 年 2 月,在朋友们的策划下,毕加索在“四只猫咖啡馆”举办了他在巴塞罗那的首次个人画展。这次展览展出了毕加索未曾公开的 150 幅作品,这些作品大部分是那些画家、诗人等朋友们的速写,它们被挂在了斑驳的墙上。但是这次画展反响平平。有人评论毕加索的作品“素描和上色非常老练”,却“不均匀”，毕加索本人“缺乏经验，漫不经心”。

巴塞罗那有如此多与他志同道合的朋友，但是画家的内心还是孤独的，他渴望探索新的世界，巴塞罗那对他来说已经没有新鲜感，失去挑战了，毕加索对艺术之都——巴黎更加向往。这却遭到了毕加索父亲何塞的反对，他并不希望毕加索与被他视为现代主义者们的画家交往，他认为儿子应该尽快完成学业，只有得到文凭，才能找到一份像样的正当的职业，获得收入来维持家庭开销。

何塞与毕加索的关系越来越紧张，经过一番激烈争论，毕加索终于说服了父亲，何塞决定支持儿子的决定，赞助毕加索前往巴黎。

毕加索对巴黎之行满怀憧憬。这些日子，毕加索画了很多斗牛场景，大都色彩明艳，充满了生命力和热情。7 月份，“四只猫咖啡馆”展出了这些作品，却只得到了一家小报纸的寥寥数语评论。

在毕加索的朋友中，卡萨吉玛斯经济条件较好，他也愿意陪着毕加索前往巴黎。他仰慕毕加索的才华，是毕加索的崇拜者，无条件地支持并跟随着毕加索。毕加索的其他朋友听说他要离开，十分震惊。萨瓦泰斯劝说毕加索：“你真的愿意放弃这里的家人和朋友吗?”毕加索说：“离开这里，我会想念你们很久很久，但是不去巴黎，我一辈子都会后悔。”满怀着期待，毕加索和卡萨吉玛斯前往巴黎。

第三章

蓝色时期

闯荡巴黎

《青年艺术》

雅各布的帮助

《生命》

闯荡巴黎

1900 年 10 月 15 日，毕加索与卡萨吉玛斯踏上了巴黎的土地。这一年，埃菲尔铁塔刚刚落成，巴黎正在举行举世瞩目的世界博览会，还有一个月博览会就要闭幕了。在这次博览会上，毕加索有机会近距离观看印象派的作品展览，后印象派代表作家塞尚的作品让他十分惊喜，激发了毕加索创作立体主义风格的作品。

印象派兴起于 19 世纪 60 年代，并在接下来的三十多年里成为法国绘画艺术的主流。印象派的代表画家有马奈、莫奈等，他们将“光”和“色彩”作为绘画追求的主要目标，主张走出画室，描绘自然景物，把握瞬间印象，使画面形象生动。印象派最著名的作品是莫奈的《日出·印象》。

让毕加索感到十分激动的是，在著名的卢浮宫博物馆里，自己的作品《弥留之际》被作为西班牙当代名作在世博会上展览，这让他觉得，自己不仅是以观赏者的身份，更是以展览者的身份来到巴黎的，这让他无比兴奋与自豪。

10 月 25 日是毕加索的 19 岁生日，这一天，他写下了一句誓言："除了适应环境之外，你别无选择，做你所能做的，因为上帝已经安排好了一切。"

在巴黎，他们先在蒙巴纳斯落脚，后来又住进了在"四只猫咖啡馆"认识的朋友兼同乡诺内利在蒙马特尔区加布里埃尔大街 49 号的临时画室，这个画室虽然破旧拥挤，却配套齐全，离当时新的艺术中心——拉菲特路非常近。对于毕加索来说，创作环境不重要，只要可以有机会汲取巴黎现代艺术的营养，在巴黎美术界崭露头角，自己就心满意足了。

在巴黎，毕加索时常去卢浮宫观看大师们的作品，为了观察众生百态，他在巴黎的大街小巷中穿梭。

诺内利十分欣赏毕加索的才华，在诺内利的介绍下，毕加索认识了被戏称为"四个苹果高"的巴黎女画商贝特尔 · 维尔和画商佩特鲁斯 · 曼尼亚克。贝特尔 · 维尔很喜欢毕加索的画，当场就用 100 法郎买下了毕加索带来的几幅油画作品。

"你确实画得不错，巴勃罗。"贝特尔 · 维尔夸奖说，"而且我已经看到了你的前途。像你这样年轻而有前途的画家，应该有一位富裕的大画商跟你签约，这样，你画作的销路就不必发愁了。”

贝特尔继续解释说，通过与画商签约，画家要在约定的时间内为画商绘制作品。这对经济窘迫的毕加索来说，无疑是十分合适的。

“不过，我暂时还没有这样的经济实力，因为签约意味着双方要共同承担起风险，我倒是认识一些富裕的画商，我可以把你推荐给他们。”贝特尔·维尔说道。

毕加索十分感激，连连称谢。

贝特尔·维尔虽然经济实力不够，但不得不说，她是一个有很高艺术眼光的人，她又将毕加索介绍给了经济实力更加雄厚的画商佩特鲁斯·曼尼亚克。曼尼亚克当场就用 150 法郎买下了毕加索的几幅作品，并且说自己愿意每个月付 150 法郎给毕加索，让他按照自己的要求作画。

他俩的资助给了毕加索最基本的经济保障，毕加索在巴黎可以维持生计，站住脚跟了。

毕加索来到巴黎以后创作的第一幅作品是《嘉莱特磨坊》，卡萨吉玛斯评价说它“完全丧失了个性”。

仅仅年长毕加索一岁的卡萨吉玛斯是个对爱情执着的偏激小伙，他此时正疯狂地迷恋着一位巴黎女郎——诺内利画室的模特热尔梅娜，毕加索则钟情于另外一位模特奥黛特。题为《给我的爱,奥黛特》的画作至今被保存下来。她们住在夏普街 11 号,离毕加索的住所很近。

虽然被卡萨吉玛斯热烈追求,热尔梅娜对他却没有回应,这仅仅是卡萨吉玛斯的单相思。卡萨吉玛斯对热尔梅娜的痴迷已经到了疯狂的地步,他备受打击,不再画画,成天酗酒,甚至企图自杀。毕加索看着好友的状况十分担心,不敢离开他,只能一直跟随着卡萨吉玛斯,怕他做傻事。

毕加索感觉到卡萨吉玛斯已经无可救药了,仅仅在巴黎待了两个月,当年的 12 月,毕加索便把卡萨吉玛斯带回了巴塞罗那。但是卡萨吉玛斯还是难以控制自己的情绪,毕加索不得不又把卡萨吉玛斯带回了自己的家乡马拉加,他希望马拉加的美丽风光能让卡萨吉玛斯从困境中走出来。

此时的卡萨吉玛斯还是情绪无常,不断地给热尔梅娜写信表达爱意,毕加索实在无能为力,他只能将卡萨吉玛斯灌醉,自己一个人离开马拉加,逃到了马德里。

没有毕加索陪伴的卡萨吉玛斯已经失去了理智,他不停地纠缠热尔梅娜,热尔梅娜对他厌烦不已并出言拒绝挖苦。

1901 年 2 月 17 日,卡萨吉玛斯来到热尔梅娜和朋友喝酒的小酒馆,从口袋里掏出早就准备好的手枪,对着热尔梅娜开枪射击,并说:“这是为你准备的。”然而子弹打偏了,射出的子弹仅仅擦伤了她的后颈，爆炸声却吓到了热尔梅娜，她瘫倒在地。卡萨吉玛斯以为自己已经杀死了心爱的女人，便将手枪对准自己的脑袋，说："这是为我准备的。"当着热尔梅娜的面，卡萨吉玛斯结束了自己的生命。

远在马德里的毕加索听到卡萨吉玛斯的死讯后，悲痛不已，十分自责。他一言不发，心里不停地责问自己："他真的自杀了吗？他怎么能自杀呢？是他向自己的脑袋开的枪吗？他怎么会有这么坚定的意志？如果我一直陪在他的身边，是不是这件事就能避免了呢？"卡萨吉玛斯的死对毕加索打击很大，可以说是影响了毕加索的一生，他不敢相信这个事实，满是自责与忏悔。如果不是他极力说服，卡萨吉玛斯不会跟着自己一起来到巴黎，来到马拉加后，自己突然将他丢下。毕加索觉得自己是导致卡萨吉玛斯自杀的罪人，他陷入了极度痛苦之中。

在接下来的创作中，毕加索不断强调这种悲凉与痛苦的情绪，他创作了《卡萨吉玛斯之死》，这幅画直接描绘了卡萨吉玛斯自杀时的肖像，他头部的弹孔十分清晰。为了纪念这位好友，毕加索还画了《卡萨吉玛斯的葬礼》，毕加索将卡萨吉玛斯之死与宗教故事相结合，画面以蓝色调为主，充满悲伤和忧郁的气息。

《青年艺术》

卡萨吉玛斯的自杀促使毕加索绘画创作“蓝色时期”的到来，他说：“我在卡萨吉玛斯死后学着以蓝色作画。”关于蓝色调子的运用，有人说：“这也许是从毕加索的内心泉涌而出的。这种悲伤的色调，与毕加索当时主题的暗淡或抑郁的情感非常调和。”

“蓝色时期”从1901年一直延续到1904年，这也是毕加索绘画成熟期的开端。这一时期，毕加索作品表达的主题十分相似，画作背景色调都以阴郁的蓝与蓝绿为主，透露出了一种衰败、悲伤的意味。

1901年初，在马德里的毕加索认识了一位年轻作家索莱尔，索莱尔也是一位浪漫青年，他们一拍即合，很快就一起创办了文学与艺术方面的评论杂志《青年艺术》。毕加索决定效法米凯尔的《画家与作家》杂志，那本杂志由卡萨斯绘制插图，他也可以为

《青年艺术》绘制插图。就这样，索莱尔当文字编辑，毕加索当美术编辑，《青年艺术》在 1901 年 3 月创刊了。

但是《青年艺术》仅仅出刊五期就因为资金缺乏停刊了，在最后一期，毕加索绘制了一幅广告插图，预告他们将合编《马德里艺术评论》，但是不知什么原因，这本杂志并未成功创办。

此时毕加索已经不想继续留在马德里了，不久他就回到了巴塞罗那。这一时期，他创作出了著名的《斗牛》。画中描绘了两匹死马，它们在斗牛场被击毙。白马压在另外一匹死马身上，马的后面是走向疯狂的公牛的斗牛士。

1901 年，画商曼尼亚克告诉毕加索可以去巴黎开画展，他立即响应，放弃了在马德里的事业，返回了巴黎。

他当时有一幅画描绘了自己重返巴黎时的场景，其中有车水马龙的桥梁、埃菲尔铁塔和巴黎女郎，也有来接待他的朋友雅姆·波松。曼尼亚克为毕加索安排了住宿的地方。

这次画展是由著名画商弗拉为毕加索举办的，但毕加索竟连一幅画都没有卖出去，他备受打击。批评家阿德拉·法居为画展写了一篇评论，他称赞这些作品“使我们感到先睹为快，领略到并使我们迷恋于那种在调子上时而粗犷奔放，时而细腻老练的卓越的绘画技巧”，但他也指出“他这种急于求成的心情对他来说是一种潜在的危机，可能使他在美术风格上滑向平庸媚俗的深渊。创造和多产，像暴力和精力一样，是两件不同的事情。面对着他的作品中显示出来的那样光芒万丈的雄伟气魄，我不免对这一点深感遗憾”。

曼尼亚克大失所望，还是没有人买画，他开始怀疑自己的艺术判断，决定不再付给毕加索每月 150 法郎，毕加索失去了曼尼亚克的经济支援。

毕加索亲眼看见了下层小人物生活的艰辛与困窘，开始将创作视野转向盲人，并创作了以盲人为主题的作品。《盲人的晚餐》描绘一位盲人坐在桌前，枯瘦如柴，眼窝深陷，毫无生气，他的手摸索着桌上的水壶和面包。毕加索以一种凄凉的蓝色色调描绘了盲人的身影。《老吉他手》大量使用蓝色颜料，画着一个弓着腰却看不见的盲人握着他的大而圆的吉他，这个老年盲人用手感受他的世界，表达他的孤独。

“盲人”的形象一直在毕加索的创作中显现。毕加索曾说：“人们为了使金翅雀唱起歌来更动听，便把它们的眼睛弄瞎，对画家也不妨这样做。”在毕加索看来，闭着眼睛画画是多么美妙。

雅各布的帮助

1902年夏季快要结束的时候，毕加索又一次来到了巴黎，他本来应该去服兵役，但是他不能让自己停止艺术创作，便在叔叔萨尔瓦多的帮助下，花钱雇了一个人帮他履行这项义务。

到了巴黎以后，毕加索的生活状况很糟，他的作品根本无人问津。此时，曼尼亚克已经不在巴黎，没有人可以帮毕加索卖画了，他企图自己卖画却没有什么效果，他陷入了忧愁和苦闷之中。

在毕加索四处碰壁、无人赏识时，是他的知音马克斯·雅各布帮助了他。马克斯·雅各布是一位诗人，他们在马德里相识。早在来巴黎之前，毕加索就曾给这位在巴黎的朋友马克斯·雅各布写过一封信，信中他表达了对巴塞罗那人无法理解自己的美术观念的不满："我给这里的画家、朋友看了自己的作品，但他们貌似尚待商榷，认为精神有余而形式不足，其实他们根本不懂，这太可笑了。你懂得如何对付这些人,他们写的书糟糕透顶,画的画拙劣不堪,这就是生活,如此而已……”

他知道马克斯·雅各布懂他并理解他的绘画,他寄给马克斯·雅各布一幅名为《两姊妹》的素描作品。

马克斯·雅各布在初看毕加索的画作时,就被画像中人物的眼神深深吸引。“难道就是在那一天,马克斯·雅各布爱上了毕加索?”

马克斯·雅各布在回信中鼓励他来巴黎继续发展。

为了帮助毕加索,马克斯·雅各布租了一套位于伏尔泰街的简陋的房间,并邀请毕加索来同住,他靠着白天在百货商店打工的收入支持毕加索追求自己的梦想。一张大床几乎占据了整个屋子,两人只能轮流睡觉。往往是毕加索晚上通宵达旦地作画,等到早上雅各布去上班了,他再躺到床上睡觉。

雅各布一个人的收入要支撑两个人的生活,所以他们经常因为没有钱购买食物而挨饿。

有一次,雅各布下班回家途中突然想到了他们几天都没有吃肉了,便用自己身上仅存的几枚铜币购买了一根香肠。这根香肠看起来十分肥美,他小心翼翼地捧着香肠直奔家中。一回到家,他就迫不及待地将香肠放进锅里煮起来,顿时,香味四溢,两个饥饿的年轻人摩拳擦掌,等着饱餐。突然,香肠爆炸了,肉沫飞了一

屋子，他们哭笑不得。

到了冬天，简陋的小屋四处漏风，十分寒冷，他们也没有多余的钱购买取暖的燃料，毕加索不得不烧掉自己的作品来取暖。

屋漏偏逢连夜雨，到了年底，雅各布竟然失业了，这对他们来说无异于雪上加霜。

贫困交加的毕加索不禁对自己产生了质疑：自己的作品到底有没有艺术价值？这条艰辛的艺术创作道路是否值得继续走下去？

这个问题让毕加索思索良久，他多么想要坚持下去，却发现自己连买绘画材料的钱都没有了。

值得欣慰的是，艺术评论家查尔斯·莫里斯开始对毕加索有所关注。他是高更的好友，还曾将高更的自传赠送给毕加索。

查尔斯·莫里斯欣赏毕加索的作品，他在《法兰西信使》杂志上面写道："毕加索以画笔担下写实的使命，他像一位年轻的神祇。他的世界并不比麻风病人的病房更适合居住，他的画本身也是病魔缠身。难道这位令人惊骇的早熟青年，注定将以旷世的杰作祭祀生命消极的力量，祭祀邪恶与悲情？而受苦最多的，或许不是别人，正是他自己吧。"

饱受打击的毕加索想要回到巴塞罗那，却没有路费，他便将自己的油画《母子在海滩》卖掉，获得了 200 法郎。他将自己的画寄放到塞纳街的朋友皮乔特那儿以后，便拿着这 200 法郎踏上了去巴塞罗那的行程。

《生命》

到了巴塞罗那以后，他创作出了一系列重要的作品，其中最著名的就是《生命》。

《生命》是毕加索“蓝色时期”的代表作，也是这一时期的集大成之作，这个作品现在收藏于克里夫兰艺术博物馆。

画中右侧是一位怀抱婴儿的母亲，她神情憔悴，满是疲惫，目光严厉地盯着面前的一对青年男女。左边的男女紧紧抱着，女人将手臂放在男人的肩膀上，男人的左手抬起了一些，指向那位母亲。

画面的背景是两幅素描，上面一幅画了一个女人蜷缩在男人的怀里，下面一幅画了一个女人孤独地蜷缩着。

这幅作品有着寓言色彩，有人认为这是毕加索找到的使心中苦闷能够解脱的出路。这是他对卡萨吉玛斯之死的最终认识，左侧的男女就是卡萨吉玛斯和热尔梅娜。

1903年6月14日，《自由报》发文评论说“这位画家的作品，极富张力与深度，足以与西班牙历史上少数的真正具有特殊意义的画家并驾齐驱，毫不逊色”。

对于这幅画，毕加索的态度也是模糊的，他甚至对其嗤之以鼻，认为它“糟糕透顶”。可见，在创作这幅画时，毕加索的内心充满了矛盾。

这一时期，毕加索也创作过少数色调明快的作品，如他为裁缝苏勒一家画的群像肖像画，画中描绘了苏勒一家在草地上野餐的情景。

毕加索还为萨巴泰斯绘制了一幅肖像画，这是他在巴塞罗那画的最后一幅画，这幅画标志着毕加索绘画创作“蓝色时期”的结束。

《生命》这幅画卖出了一个好价钱，这让毕加索兴奋不已，决定去巴黎继续追寻自己的艺术梦想。

第四章

玫瑰时期

“洗衣船”之歌

戈索尔之行

“洗衣船”之歌

1904 年 4 月 12 日，毕加索启程前往巴黎。

曾有评论家评论毕加索这次来到巴黎“是要寻找救生的良方”，这时的毕加索觉得自己可以通过售卖作品养活自己了，他便决定不再往返于法国与西班牙之间，而是在巴黎定居了。

到达巴黎后，毕加索来到巴黎南面蒙马特高地的拉维兰路 13 号一幢大楼的顶楼居住，这里将是他在巴黎的住所和画室。

早在毕加索入住之前，洗衣船就开始了它的传奇历史。后印象派画家马克西姆·莫弗拉、学院派画家雅克·瓦扬等画家，以及众多的作家、诗人、音乐家曾在此居住。凡·唐基、胡安·格里斯、肖朗·诺拉克等人与马蒂斯一起，在此创立了野兽派。

直至第一次世界大战爆发，在这里居住的人当中，还有杜里奥、莫里亚克、瓦尔东、马克·奥兰、甘东、格里斯、瓦依昂、莫迪里亚尼、萨尔蒙、雅各布等30多位在艺术史、文学史和音乐史上留名的人物。

“洗衣船”这个名字很有意思，它并不是一条船，而是一幢形状奇特的建筑。这个建筑十分破旧，它的顶楼可以通往蒙马特尔区山顶的拉维尼昂广场，其他楼层由加洛街入口进入。

整个建筑采用木板墙分割成了一个个独立的空间，建筑内部的结构错综复杂，有的房间没有窗户，只有通风口。凡是想要进入这所建筑的人，都必须先通过一个像甲板一样的平台，穿过走廊，才能到达自己想要去的房间。这里冬冷夏热，四季昏暗，臭味熏天，墙角堆积着如山的垃圾和破旧的废弃物。

1902年的一天，跟着毕加索一起搬进这栋建筑的诗人马克斯·雅各布在返回的途中，看到了每层楼的窗口外面都挂着主人晾晒的衣服，这些衣服随风飘扬，好似一面面小旗子。整个楼看起来就像是一艘洗衣船，所以他突发奇想，给这栋建筑起了一个名字——洗衣船。

直到1909年毕加索搬到克利希大街一套高级公寓之前，他一直住在洗衣船里面，他喜欢这里独特的结构，并将它命名为“猎人之家”。

毕加索所住的房间杂乱不堪，到处堆满了画与杂物，后来传记作家曾根据一个画商的回忆对毕加索在洗衣船的小屋作了这

样的描述：

室内乱得简直无法形容，画框沿着墙壁一直堆到床上，用水粉和蓝墨水画的习作撑破大纸箱，地板上到处都是烟头和挤瘪的颜料管。浴缸用来盛放素描纸和杂志。床头的墙角还有几个画架，侧边有一长溜旧罐头瓶，里面浸着画笔。外间的画室里只有一把弯腿的座椅，一只拿破仑三世时的黑木矮凳，还有原房主杜里奥给他留下的一只生锈的铁炉，四周堆满冷却的烟灰。里屋除床之外，还有一只西班牙式的木箱，是他从老家带来的。

刚到洗衣船的日子里，由于他“蓝色时期”的大部分作品并不受大众欢迎，因此购买他作品的人并不多。毕加索生活十分贫苦。夏天，他只能将大门开着，光着身子大汗淋漓地在狭小的房间里面作画；冬天，屋子到处漏风，他只能整日蜷缩在被窝里面不出门。

在这个富有传奇色彩的洗衣船里，毕加索遇见了一位名叫费尔南德·奥莉维耶的美貌的法国姑娘，她可以说是毕加索第一个正式、公开的女友。

费尔南德的身世十分不幸，她在这里靠给多名画家当模特为生。

她比毕加索小六个月，一头浓密的褐色长发垂下来，那美丽的杏仁般的眼睛闪闪发光。在洗衣船，她是众人瞩目的对象，所以很快就吸引了毕加索的目光。

对于费尔南德和毕加索的相识，曾有这样的叙述：

一个炎热的下午，她和一个女友在广场的栗子树下的喷泉边打水，突然，一阵雷声过后，大雨倾盆，她们就往楼里跑，她的一头长发和别着红玫瑰花的亚麻布外套都湿透了，愈发显得秀美动人。

刚进楼道，一个年轻人挡在她面前，怀里还抱着一只白猫，一双乌黑的眼睛盯着她，微笑着说："看这雨把可爱的姑娘浇的，快抱上这只小猫暖和暖和。"说着他一松手，那只小猫像听懂了他的话似的，噌地一下就跳到她怀里，她下意识地赶紧把小猫搂住。"我叫毕加索，是个画家，如有兴趣，请到我的画室里坐坐。"正当奥丽维耶对这个突如其来的玩笑感到惊讶时，毕加索已转身走到他的房门口，推开门，站在那儿等她。她一跨进门就闻到一股浓烈的油画颜料和石蜡的味道，中间还夹杂着烟草味，里面乱七八糟摆满了东西，没一件像样的家具，最引人注意的是，在房间当中放着一只镀锌铝盆，里面零乱地摞着许多书，地上摊满颜料、画笔、油桶和擦笔布，还有速写稿，上面还有踩踏的脚印，一只长柄平底锅里的烟灰堆积如山。她小心翼翼进到里面。

"我都不知道站在什么地方了。"奥丽维耶喃喃自语，"我都不知道用哪只脚站了。"

毕加索却没有在意这些，直截了当地对奥丽维耶说："你很漂亮，很吸引我，我想给你画张像。"

奥丽维耶非常大方地同意了。“坐着别动，我会给你画好多美丽的肖像，把你的一生都画出来。”这幅素描肖像完成得很快，毕加索感到十分满意，他说：“你身上有花草的气息，但我不知道如何表达这个意思。”奥丽维耶也很高兴，毕加索激动的样子让她的脸颊也泛起一丝红晕，她并不反感这个糟糕的凌乱不堪的环境。

其实，毕加索很早就已经看到了费尔南德并被她深深吸引，他总是想与这个美丽的姑娘搭讪，却一直找不到合适的机会，这次走廊的偶然相遇给了毕加索勇气。

毕加索与费尔南德在洗衣船里的生活虽然拮据，但十分愉快。他们享受着这种美好生活。

费尔南德在回忆录中对当年的生活是这样描述的：

我们的猫从邻居那里叼了一根香肠回来，跳下窗就被我抓住，夺下的赃物成了我与毕加索的美餐。有时我在区内小吃店定的便餐送来了，我隔着门对送外卖的青年说我正在洗澡，把东西放在门口，钱以后来付。实际上，我们没有钱付账。

随着两人的相处，毕加索对费尔南德的感情越来越深厚，甚至到了谈婚论嫁的地步。

“我们结婚吧，费尔南德。”毕加索有一天十分诚恳地请求着。

她尴尬地笑了笑：“现在这样不是很好吗，为什么一定要结婚呢？”

毕加索实在是摸不透她的心，可是他哪里知道，费尔南德有着自己的心结。

她出生在巴黎，在母亲死后没多久便被送到姑妈那里寄养，姑妈性格孤僻、古板而冷酷，她整日和姑妈生活在一起，也越来越憎恨姑妈。

她 17 岁的时候，终于鼓足勇气，离开姑妈，独自生活。

没多久，她便和一个雕塑家结婚了，他们没有感情基础，互相也不是很了解，婚后丈夫精神失常，她只能离开了他。

这段经历让她十分自卑，她不相信任何人，即使毕加索对她爱护有加，多次提出结婚的请求，她还是一次次固执地拒绝了。

在洗衣船，毕加索结交了一大帮朋友，这包括来巴黎实现自己梦想的外来者和美国、俄罗斯等众多国家的收藏家，他们不约而同地来到这里，聚会聊天，探讨艺术。

毕加索很快就成了这里的核心人物，人们甚至把这些人称为“毕加索帮”，他们研究、评论、赞扬毕加索的画作，将他带到法国文学与文化的前沿阵地。

毕加索曾告诉作家海伦:“除了正在做的事以外,我们没有任何事情……我们只跟自己内部的人玩而没有别人。阿波利奈尔、雅各布、萨尔蒙……现在想起来,都是精英啊!”在毕加索眼中,他的小组织是独一无二的。

费尔南德曾在《毕加索和他的朋友们》的回忆录中写道:“如果人们不了解他,他没有吸引人的地方,就社交而言,很难说他擅长与否,但是人们从他那里感受到的那种内心的光辉和火热的热情,产生了一种吸引力,使我们难以抗拒。”

在这里,毕加索结识了超现实主义诗人阿波利奈尔和被费尔南德评价为“铁腕作风,豆腐心肠”的皮乔特。

在他这帮朋友中,毕加索最为敬佩、奉为知己、受其影响最大的就是阿波利奈尔。

阿波利奈尔 1880 年出生于罗马,父亲是意大利人,母亲是波兰人。他是一位豪爽坦诚、才华出众、体格健壮的诗人和短篇小说家。

美国诗人格特鲁德 · 斯坦因曾说“阿波利奈尔是如此的天赋异禀,无论是什么事情,不管他之前对此是否熟悉,他都可以迅速理解并用自己的才智和丰富的想象力将其细致地描述出来,比任何了解该事的人还要充分,而且奇怪的是,他的想法总是对的”。

阿波利奈尔才到洗衣船两天，就被毕加索蓝色时期的作品吸引住了。虽然此前他对美术毫无兴趣。

在他们相遇后的几个月内，阿波利奈尔就开始向巴黎先锋派画家和观众介绍毕加索的绘画艺术。

1905 年 4 月和 5 月，阿波利奈尔在他自创的期刊上两次撰文，阐述毕加索的作品，并反击对毕加索敌意的批评，为毕加索扬名巴黎画坛起了很大作用。

阿波利奈尔一直充当毕加索艺术作品的“推广者”，他主动热情地向文学界朋友介绍毕加索的作品。

毕加索也画了许多充当不同角色的阿波利奈尔的漫画像，他将阿波利奈尔描绘成教皇、院士、无忧无虑的水手等，显示了自己对他的喜爱。

阿波利奈尔和毕加索两个人在个性、生活背景、兴趣爱好方面十分相似，他们一直保持着密切的来往，直到阿波利奈尔 1918 年参加一战头部负重伤后死去。

多年后，毕加索弥留之际还一遍遍地喊着阿波利奈尔的名字，可见阿波利奈尔对毕加索来说是多么重要。

这一时期，由于爱情的滋养，毕加索作品的风格有了很大的变化，他一改往昔的忧郁阴沉，转而变为温情欢欣。

这一时期，他所创作的作品通常都有温暖的色调，画面多为粉色与玫瑰色，所以绘画界称他创作的这一时期为“玫瑰时期”。

在洗衣船居住的那段时间，毕加索经常与朋友去看梅德拉诺马戏团的表演，毕加索是一个十足的马戏迷，他对马戏无比钟爱，他最喜欢那些热闹的类似杂耍的情节。

通过对马戏表演的观察，他创作出了《马戏演员之家》。这幅画画的是一位演员在摇晃着他那干瘪的胳膊，向观众做着手势。他的身上穿了一件镶有蓝边的粉红色衣服。

整幅画面以柔和的粉色调为主，朴素清新，马戏团演员优雅、细腻、感性，这幅画还启发了里尔克写下了著名的《杜伊诺哀歌》的第五首歌。

小丑、杂技团演员、马戏团演员是毕加索这一时期经常描绘的对象。

毕加索对马戏团的热情可能来自他青年时期与马戏团明星骑手罗西塔·奥罗的浪漫经历。“对我来说，马戏团的魅力真是不可抗拒。”毕加索曾回忆道，“我最喜欢的是小丑……这儿的小丑最早开始放弃传统戏装，穿上更好笑的新服装。这真是一种启示。”

毕加索在艺术的道路上执着地探索着、实践着，正当毕加索感到精疲力竭并准备重新开始的时候，一个蒙马特尔的艺术家邀请他去荷兰度假。毕加索欣然前往,并在荷兰创作了《美丽的荷兰女子》等画作。

毕加索在洗衣船里住了六年,这六年的日子可以说是饥寒交迫,贫苦不堪。但他丝毫不受影响,始终自信而快乐,在艺术的海洋里不断地探索新的航行之路。

这六年既是他人生的重要时期,也是他艺术创作的黄金时期。在这里,他顺利地度过了蓝色时期那些痛苦的日子,卡萨吉玛斯之死给他带来的痛苦;也度过了他玫瑰色时期最快乐的日子,费尔南德的爱给他带来的快乐。

毕加索的朋友、诗人萨尔蒙曾经写过一首诗,指明了他的创作从蓝色时期到玫瑰色时期的变化。

蓝色时期
把教堂门廊当成故乡的残废者,流浪汉,
没有乳汁的母亲们,百年的乌鸦,
所有的痛苦和所有的祈祷,
粉色时期
所有的鸽子,所有的泉源,所有的玻璃,所有的裸体,
你记得吗,帕勃洛?
在生活的边界上,在艺术的边缘,在生活的边缘。

费尔南德曾在一本书中回忆并讲述了她与毕加索那段虽然物质上极度贫困、内心却十分幸福的日子：

毕加索是否还记得当时为他充当模特的那位女友？那个时候，因为没有鞋子穿，她几个月都不出门。他是否还记得冬天的那些日子？因为没有钱去买煤，让冰窖一般的屋子温暖起来，她只能整天待在床上。他是否还记得那些被迫挨饿的日子？那些在殉道者街的旧书商那里买来的成堆的书？因为毕加索是个有着病态的嫉妒心的家伙，他把我幽禁在那里，食物对我来说如此必要。然而，虽然只有一些茶、一堆书、一个长沙发、一点家务活，我却感到幸福，幸福无比。

戈索尔之行

1905 年春天，毕加索受到邀请和阿尔伯特·达瑟尔以及奥古斯德·杰拉丁一起，在巴黎的豪斯曼大街的瑟鲁利叶画廊举办了绘画联展，在这次展览中，毕加索展出了自己的三十多幅油画以及许多素描作品。

这次展览使毕加索名声大噪，甚至曾经拒绝购买他绘画作品并宣称毕加索是疯子的画商沃拉德，这时候也亲自登门拜访毕加索并一次购买他 30 幅作品，他付给毕加索 2000 法郎的巨款。

毕加索拿到这笔巨款，突然富裕了起来。

这一时期，毕加索作品中的蓝色色调突然褪去，为玫瑰色与粉色色调所代替。这种转变使画商和顾客更加容易接受他的画。

此时，毕加索认识了两位贵人——收藏家列奥·斯坦因和其妹妹格特鲁德·斯坦因。

格特鲁德·斯坦因既是作家,也是一位独具慧眼的现代艺术收藏家。

著名作家海明威曾经在作品《太阳照常升起》这本小说的扉页上题上了格特鲁德·斯坦因的“你们都是迷惘的一代”的名句,从此格特鲁德·斯坦因便成了美国“迷惘的一代”的命名人。

1906 年,斯坦因与毕加索第一次相见就为毕加索的才华所折服,她的非凡见解也让毕加索惊叹不已。这之后,他们一直保持着亲密的友谊。

斯坦因身上有一种男性的阳刚俊朗气质,费尔南德曾经描述“她强壮而且有着高贵、线条深刻的五官,她的声音及整个人都很男性化”。

毕加索曾试图要为斯坦因绘制一幅肖像画。但是不论怎么修改,他都无法满意,这是他第一次对绘制肖像画感到吃力。

1906 年,在列奥·斯坦因和格特鲁德·斯坦因组织的一次聚会上,毕加索认识了马蒂斯。

马蒂斯是“野兽派”绘画代表人物。1905 年,巴黎秋季沙龙展出马蒂斯等人的作品,批评家路易·沃塞嘲讽这些画家像是关在笼子里的一群野兽一样,“野兽派”由此得名。格特鲁德·斯坦因曾买下过马蒂斯被称为“野兽”的画《戴帽子的女人》,帮助无人赏识的马蒂斯名扬画坛。

毕加索与马蒂斯的创作虽然差距很大，但是两人都具有革新的精神，他们一直亦敌亦友。“马蒂斯想去镇定、抚慰和取悦，而毕加索想去挑战、刺激和震荡。”

马蒂斯死后，毕加索曾痛心地说：“我们俩的事业落到了我一人肩上。”

随着毕加索知名度的不断提高，他的画被许多收藏家或者画家买走，卖画得来的积蓄让毕加索和费尔南德的生活状况得到很大改善，毕加索心情舒畅、意气风发，这不仅是因为他的收入在不断增加，更重要的是这份支持说明了他的作品得到了越来越多的人的推崇和认可。

就像毕加索曾经说过的那样：“成功太重要了，常常有人说一个艺术家应当为自己，为对艺术的热爱而工作，而且还要嘲笑成功，这是错误的观念。艺术需要成功，这不仅是为了生活，主要还是为了能看清自己的工作。”

随着经济状况的不断好转，毕加索决定去外面游览一番，放松一下心情。他决定先带着费尔南德去西班牙，将她介绍给自己的父母和亲戚朋友。

1906 年夏季，毕加索放下他未完成的斯坦因的肖像作品，带着费尔南德回到了西班牙。

费尔南德说他“在巴黎，好像心神不宁、忐忑不安”，一到西班牙,他“兴高采烈,比较开朗,精神焕发,生气勃勃,对各种事务都感兴趣,并且表现得富有信心而且沉着,他表现出一种得意扬扬的神气”。

他们先去了巴塞罗那父母家中,毕加索热情地向亲友们介绍了费尔南德,然后又来到西班牙北部比利牛斯山区中的一个偏僻的小村庄——戈索尔。

比利牛斯山脉是西班牙最大的山脉,也是法国和西班牙的边界。在这里,他曾经度过了最美好的年少时光。

毕加索在这里待了几个月,暂时逃离了巴黎的喧嚣热闹,可以全身心投入绘画之中。

这短暂的时光是幸福的。

毕加索对费尔南德说:“在西班牙我感到比在法国更幸福。”

费尔南德说:“我看你只是觉得在乡村比城市里更幸福。”

毕加索说:“等我老了,也许就会在这样一个世外桃源隐居。”

费尔南德说:“毕加索才不是一个可以安于寂寞的人。”

在这个山村里,他所创作的作品题材广泛,手法纯熟。在这里,他创作了一系列有着玫瑰色调的油画,如《梳妆》《闺阁》等,《梳妆》是他为费尔南德绘制的肖像画,画中费尔南德对着仆人拿的镜子梳妆,美若天仙。

他和费尔南德在这里过得非常愉快甚至不想回家,但是好景不长，一场可怕的传染病侵入了村庄，毕加索和费尔南德不得不结束旅程离开这里，回到法国。一路颠簸，两人回到了洗衣船的家中。

回到洗衣船之后，毕加索开始了新的探索。

毕加索曾经注意到卢浮宫展览的古伊比利亚雕刻，他决定将古伊比利亚雕刻中的艺术精髓融入自己的艺术创作中，虽然模特不在眼前，但是毕加索一气呵成地完成了搁置许久的斯坦因的画像。

为了完成《斯坦因的画像》，斯坦因曾经先后做了十八次模特，都没有成功，毕加索画了又改、改了又画，始终都不满意，这一次却在模特不在场的情况下完成了。

当他把作品展示给他的模特斯坦因看时，斯坦因惊呆了。

她疑惑地说："你竟然不要模特？"

毕加索自信地说："当我注视你的时候，我再也看不见你了，这有什么关系呢？最后你总会看起来和这幅画一模一样的。"

《斯坦因的画像》构图简洁，线条简化，有着很强的雕塑感。后人评论《斯坦因的画像》时一致认为毕加索这幅画可谓神来之笔，将斯坦因的气质与神韵完美地展现出来了。

曾有评论家评论《斯坦因的画像》中的斯坦因说："这就是你的蒙娜丽莎啊！"毕加索却并不认同这个观点："不，这不是我的蒙娜丽莎，我只是将她画成了一个与世隔绝的面具。”

这一时期，毕加索也画了许多自画像，如《拿着调色板的自画像》，这些作品风格虽然简洁，但是已经有一定的立体感了。

1906 年春天，卢浮宫举办了一场古代伊比利亚的黑人雕塑展，秋季的沙龙又展出了塞尚的作品。毕加索前去观展，他对这次展览印象十分深刻，大师的作品给了毕加索强烈的启发。雅各布提出要和毕加索一起去拜访马蒂斯，他觉得马蒂斯会对他们的创作给出一些指导性意见。

他们来到了马蒂斯家里，马蒂斯拿出了一个黑人非洲木雕像。毕加索看到以后，一下子被震撼了，他观察着雕像的体积和线条，发现整个雕像呈现着一种原始的美。

令雅各布感到惊叹的是，仅仅过了一天，毕加索就将昨晚看到的雕像原封不动地描绘了出来。

受此影响，毕加索之后画作中的人物大多粗大、笨重，那接近于几何形的形体和菱形的脸型给人以强大的视觉冲击效果。虽然颜色都以红色、粉色为主，但是此时色彩已经不是毕加索所重点关注的部分了，除了弯曲的线条外，毕加索还增加了角形的装饰。

对毕加索来说，他的创作不仅仅限于模仿黑人雕塑，他也在进行着自己的艺术探索与创新。

鉴于此，他绘制出了《两姐妹》这幅作品，画面一改他以往的创作风格，画中的人物不再是柔美细腻的，而是粗大壮实的，这些人物皮肤都是棕色或者肉色。

在这幅画中，毕加索采取了原始绘画的那种朴素的象征主义手法，表现形体的结构。

在他看来，“绘画不是对象的模仿”而是“扬弃学术禁忌，超越既有格局以及向所有合法美学挑战”，此时的毕加索已经形成了自己的绘画新观念。

第五章

立体主义

《亚威农少女》

毕加索与勃拉克

卢浮宫盗窃案

蜚声世界

《亚威农少女》

1906年,毕加索决心要创作一幅具有划时代意义的作品,于是他便开始构思《亚威农少女》这幅作品。

《亚威农少女》成稿于1907年,这幅作品是毕加索早期的作品,被美术评论界公认为原始立体主义的杰作,它是20世纪最伟大的艺术作品之一,是人类绘画史上的里程碑。

亚威农是巴塞罗那的一条大街的名称,毕加索曾经在那里住过,他以这条大街为背景,将伊比利亚雕塑的灵感融入其中,表现心中的情感。

这时的他受到后印象画派画家塞尚的《浴女》的启示,这是对当时审美理念的反叛,也是毕加索"形式主义"的开端。

这幅作品画了五个裸露的女子,她们的周围布置着帷幔,一边是深红色的,另一边是蓝色的。整幅画中的人物都是丑陋不堪的，乍一看都不成人形，这些人物从脸部到身体都有棱有角，她们手脚粗大、五官扭曲，有的似乎头戴面具。尤其是右下方蹲着的少女，她背对着观赏者，头却转了 180 度，她们的形象虽然在一个平面，却呈几何体形态，从正面看到的眼睛和从侧面看到的鼻子组合在了一起，从正面看到的脸和从后面看到的背组合在了一起，五官像重新排列组合一般。

毕加索在绘制过程中始终都在思考着一个问题：怎么样才能在平面的画布上表现立体的结构呢？

按照传统的画法，可以靠光照的角度和亮度来表现这一结构。但这只是人眼睛所看到的感性影像，只是“光的伪装”。塞尚就曾指出“印象派恰恰夸大了传统画法”的缺点。

毕加索决定抛弃传统绘画“只能这么画，只有这么画才是对的”的原则，对结构进行分解和重新组合，他试图通过某种手段，将一个描绘对象的正面和侧面“同时”画出来。这看似不可能，却被毕加索做到了。

原本的草稿上还有两位男性的形象：一个手持花束，一个从后面走出来。

据毕加索自己说，这两个男性一个是学医的学生，另外一个是水手。

毕加索之所以要画上医学生，是因为他象征着理性，水手被食物、饮料和女性围住，又象征着感官受到的包围。但是毕加索还是改变了原来的处理方法，将两个男子去掉了。

画面中的五个女子是女性精神的象征，她们是立体的、多面的。

为什么是五个女性？这很可能与毕加索童年时候的生活经历有关，五个女性代表了陪伴毕加索成长的母亲、祖母、两个姨妈和一个女仆。毕加索从小生活在这五个女性的包围之中，他无法挣扎，他喘不过气来。

毕加索为了完成这个作品，不分昼夜，从构思草图到最后完成，一共经历了四个多月，画了上百件草图与习作。

关于这幅画的创作，有一个故事被人津津乐道：

有一天，费尔南德很早就醒了，却发现毕加索整晚都没睡，他一直坐在画架边画了又改。

她走到毕加索的旁边，想劝他休息一会儿再画。但她看到毕加索满身的颜料和满地的画布时，便沉默不语了，她不打算再去劝说毕加索了。

费尔南德只得去准备早餐了，餐具碰撞，不时发出声音，这打断了毕加索的思路。毕加索站起身大吼起来："你就不能别发出声音吗？"

费尔南德委屈地顶撞毕加索："你如果画不出来，最好休息一会儿，不要把怒气发在我的身上。"

"我画不出来？我要让所有人都看到我的杰作，在我的影子底下创作！"

"何必为难自己？你简直不可理喻！"

"走开，你只管煮好你的早餐，否则我连你也一起赶出去！"毕加索吼道。

费尔南德气呼呼地走向大门，她还在等着毕加索出来追她，没想到毕加索只顾着琢磨自己的画："一定还有别的角度……"

几个小时以后，毕加索才想起自己还没有吃早饭，费尔南德也无奈地回来了。

第二天，毕加索又开始了他的创作，这时的毕加索已经烦躁不安，一遍遍的失败让他苦闷到了极点。他转过身，看着桌子上有一面小镜子，他大手一挥将它打碎了。

一地的碎片让毕加索眼前一亮，他顾不得疼痛，将它们捡起来一块一块地重新排列组合，镜子没有固定的顺序和形状，但是这些不同的碎片就是画家想象中的立体世界。

毕加索曾经经历过这样的思考："试想一下，让我们闭上双眼，你不可能清晰地回想起哪怕一个再亲密熟悉不过的人，他们不可能清清楚楚地、全部完整地出现在你的脑海里。出现在你脑海里的只可能是他们的一些富有特征的‘碎片’和‘零件’，也就是他们的某些器官、他们的某件衣服以至于他们的某个姿势等。这些‘碎片’部分而非整体在你脑海中闪烁着、晃动着，它们不断变换着方向和角度，同时你又仿佛是在同一时刻组合它们的不同的方向和角度；它们不断变换着时间和空间，你又仿佛是在同一时刻将它们组合在同一个画面中。这种完整的印象在那些古典画家来看一定是荒诞滑稽的，可是，它们不正是更加完整和全面的真实吗？它们不正是真正的客观性所在吗？我们平时对世界完整性的把握，不都是想象性的把握吗？那些进入我们思维空间的‘碎片’和‘零件’，不都是依托了各种具体条件而来的吗？既然自然是这样的自然，思维是这样的思维，那么我们的绘画为何不能给予表现呢？我们为什么还要继续局限在过去透视法受限制的角度中呢？”

《亚威农少女》就此诞生了。

这幅巨型画作不同于传统和其他现代流派的巨画，它长243.9厘米，宽233.7厘米，这是毕加索当时创作的最大的一幅画。

它的出现震动了整个艺术界，毕加索的大部分朋友对这幅作品全盘否定，很多人对此感到惊愕不已。

毕加索的朋友沃拉尔与费内翁表示他们无法理解这幅作品，竟然说毕加索“十分有画漫画的天赋”。马蒂斯说这幅画是一种“煽动”、一种暴行，相当于又一次“绘画的大屠杀”，是对现代运动的嘲笑。野兽派画家德朗认为他疯了，曾说：“这种类型的画是个死胡同，胡同的尽头只有自杀：某个晴朗的早晨，我们将看到毕加索吊死在他的大画布后面。”马蒂斯对列奥·斯坦因说：“真没想到，像你这样稳健的人，居然会真心地与毕加索交了朋友。”

甚至连“立体主义”的创始人之一的勃拉克看了毕加索的画以后都说：“叫我们接受这个，就等于想让我们吞下亚麻布和喝石油一样难受。”不过很快，阿波利奈尔就将勃拉克带到了毕加索的画室，看着那些反复修改的素描，他理解了，“啊，这是件多么有意思的事情，这多么有趣啊”。当勃拉克接受毕加索的思想以后，他在立体主义道路上比毕加索走得还远。

列奥·斯坦因后来突然醒悟，他告诉毕加索说：“现在我明白你的意图了，你是在描绘出第四度。”

让毕加索欣慰的是，还是有人支持自己的。

格特鲁德·斯坦因说：“当某人在创造一样东西时，势必会把它做得很丑恶。为了创造这股张力必须付出的努力和必须做出的搏斗必然会导致某种程度的丑恶。随后模仿的人可以把它变成美丽的东西，因为他们知道自己在干什么，那个东西已经被创造出来了。但那位创造者不知道自己将造出什么样的东西，因此他所创造的东西必定丑恶。”

格特鲁德眼光长远，她认为艺术行业的创新也许一开始不能被普通大众理解，但是随着时间的流逝，这种超前的作品会为时代所证明。

德国评论家兼收藏家威廉·伍德肯定了这张画的意义，他的朋友亨利·肯惠拉也参加了这次讨论。他在《通向立体主义之路》这本书里说：

我敲了敲画家雨德介绍给我的那间房子的门，毕加索穿着衬衣开门。那是在早晨，我认出还有一位曾经在昨天访问过的人，他就是弗拉尔。

他所过的生活，贫困得令人震惊。他以难以置信的勇气生活在这样孤独和贫穷的环境中。毕加索同费尔南德这位非常美丽的女人以及他们养的狗弗利卡一起生活着。

我没有发现具有亚述特色的绘画，但我看到了我无法加以称呼的奇特作品。这是近乎疯狂而极其奇特的作品。我被深深地、强烈地感动了，并立即理解到这是一幅很重要的作品。这就是《亚威农少女》。

毕加索问雅各布:“我那幅画你真的看不懂吗?”

雅各布说:“目前我是看不懂的,但是有什么关系呢? 比起第一眼看它时,我对它喜欢得多了,你在改变人们的习惯,所以你必须等待。现在正是一种习惯意义将要消失、新的意义即将到来的时候。”

这幅画命运坎坷,一直被存放在毕加索的画室中,1916 年才第一次在巴黎公开展出,后来经过布勒东介绍卖给了雅克 · 杜凯并于 1937 年被美国纽约现代艺术博物馆收藏,现在是这个博物馆的镇馆之宝。

毕加索此时已经告别了“蓝色时期”与“玫瑰时期”的创作风格,他用几何图形来构成画面。通过《亚威农少女》,毕加索表现了自己对绘画的态度。

毕加索与勃拉克

1907年,立体主义的创始人乔治·勃拉克经过朋友介绍,来到洗衣船拜访毕加索,他是毕加索的极少数支持者之一,他认为毕加索与自己的艺术追求相似,两人都认同塞尚的观念。

1907年春天,毕加索和费尔南德领养了一个女孩雷蒙德,她既幽默又聪明,洗衣船的朋友们都非常疼爱雷蒙德,马克斯·雅各布送了她一个小洋娃娃,毕加索的其他朋友给她买糖果。费尔南德每天都把她打扮得漂漂亮亮的去上学。毕加索以雷蒙德自己的画为基础为她画了肖像画。然而不久,费尔南德就将雷蒙德送回了孤儿院。

1908年春天,勃拉克准备用他在雷斯塔克画的六幅画参加秋季沙龙,有两幅在初选时却落选了,勃拉克便决定撤回其余四幅作品,并在另外一个画廊展出。马蒂斯认为"他轻视所有形态,将风景、人物、房屋还原于几何学圆形与立方体……”后来，阿波利奈尔引用了“立体主义”的名称，毕加索和他的朋友所进行的绘画革命运动被称为“立体主义”。马克斯·恩斯特当时还仅仅只是个二十岁的年轻画家，但他看到了毕加索的画作，便立马放弃正在学习的传统的绘画技巧和审美，受其影响，经过不懈努力成为现代派大师之一。

随着毕加索名声的提高，很多人慕名求画，其中有一个收藏家史楚金一下子购买了毕加索50幅作品。史楚金1914年以前已经创办了法国现代绘画收藏馆，馆内藏有莫奈、凡·高、高更等人的代表作，这一次，他将目光投向了毕加索。有了这笔钱，毕加索可以改善自己的居住条件了，他便与费尔南德搬到了克利希大街11号一套优雅的画室公寓。

搬家当天，毕加索看着新的居所，对费尔南德说道：“啊，亲爱的费尔南德，我们终于从洗衣船里面搬出来了，可是我，正是在那里认识了你。我们就在那里保留一间象征性的画室吧，平时就让它堆放杂物。”于是，洗衣船就被当作临时画室和杂物间。新房子如此漂亮，帮他搬家的工人都惊叹道：“住在这里的人一定是中了大奖。”

在这里，他们的生活越来越奢侈，费尔南德说：“我们在餐厅里吃饭，被围着白色围裙的侍者服侍。这里有桃花心木做成的古老家具。我们在一间适合休憩的卧室里睡觉，睡在一张带有方形铜柱的矮床上。”

这里与勃拉克的住所很近，他们成了邻居，两人几乎天天见面，如痴如醉地交流艺术想法，有人给勃拉克起了个外号“毕加索太太”。毕加索与勃拉克从外表看来完全不同：毕加索瘦小孱弱、勃拉克高大威猛；毕加索性格冲动感性，勃拉克谨慎小心；毕加索喜欢绘制肖像和人物，勃拉克喜欢绘制静物。看起来如此不相像的两人正好形成了微妙的互补。从勃拉克身上，毕加索不断发现新的美妙，他们的关系甚至到了如此亲密的程度：这个人的创作，必须获得那个人的认同，只有当两个人都认同了这些创意和画法的一切处理后，这幅绘画才算最后完成。

勃拉克后来曾生动地描绘了他与毕加索的合作：

在那个时期，我与毕加索关系密切，尽管我们的气质差异很大，但我们为一个共同的思想所引导。毕加索是西班牙人，而我是法国人，双方都知道这种差异，但那些年中差异并不重要，我们住在蒙马特尔，我们每天见面，我们交谈，毕加索和我谈的东西没人在谈，也没有人明白，人们无法理解这些交谈，但它们给了我们无穷的乐趣，与我们共存亡。

这时我们作画很努力，有点像拴在一根绳子上的攀岩者，美术馆不再令我们感兴趣。

勃拉克学画最初从印象派起步，后转向野兽派的新绘画。1907年秋季沙龙的"塞尚回顾展"影响了勃拉克，塞尚写给埃米尔·贝纳尔的信件中有一句话"一切自然物都被还原成圆锥体、圆柱体和圆球体"，这句话被勃拉克看到。勃拉克受《亚威农少女》启发，决定将塞尚的技巧与毕加索的新实验相结合，并与德朗一起脱离野兽派，追随毕加索的步伐。勃拉克在立体主义的道路上越走越远，成了毕加索的精神支持者和合作伙伴。他将艺术理念付诸绘画创作中，尝试用火柴盒形状的构图绘制了几幅风景画。马蒂斯看到了这些作品后，嘲讽他说："这不就是用小立方体画出来的吗?"这句话后来被广为流传，也是"立体主义"名称的来源。

1907年，毕加索去一家画店买绘画材料，在画店里面他突然发现了一张画，那张画是"关税员卢梭"为一个波兰教师画的肖像，这幅画被摆在了角落里面。毕加索问店主他能不能出5法郎买这幅画，店主欣然同意，因为这幅画已经放在这里很久无人问津了。画中女子站在窗户前，窗外是一个花园，里面鲜花盛开。后来，卢梭通过中间人欧仁·苏里耶购买了毕加索的油画《女子肖像》，毕加索也为他准备了一场难忘的晚宴。卢梭后来一直将

《女子肖像》细心保存，这幅画始终留在他的身边。

1909年夏天，毕加索带着费尔南德重游了西班牙埃布罗花园，十年前，他与在巴塞罗那隆哈美术学院认识的好友帕利亚雷斯一家在那里度过了一段愉快的时光，虽然毕加索后来去过马德里、巴黎这样的都市，但他对这个小村庄一直念念不忘。

毕加索在这个村庄里再一次感受到轻松和宁静，他称这次旅行为“朝圣”之旅。在埃布罗花园，毕加索对立体主义进行了更为深入的探索，他创作了一系列描绘埃布罗花园风景的作品，这些作品不再是对风景的描绘，而是用几何图形勾勒线条，只呈现最基本的形貌，如《山上的房子》《埃布罗的工厂》等。在《埃布罗的工厂》这幅画中，整个画面被切割成不同的平面，厂房用立方体来表现，各个不同的面相互交叠。这些作品体现了毕加索创作的立体主义风格。

毕加索想在立体主义上有所突破，又不想完全丢弃传统的绘画方式，这种矛盾让他的创作左右摇摆。

卢浮宫盗窃案

1911年夏天，毕加索和勃拉克一起去塞雷度假，在这里，他创作出了《叼烟斗的男人》。8月底，当他们从塞雷回到巴黎的时候，一个消息传来——卢浮宫失窃了！

1911年8月21日，卢浮宫的镇馆之宝《蒙娜丽莎》被盗，举国震惊。毕加索也被卷入了卢浮宫盗窃案中。8月28日，一个叫盖里·皮耶雷的青年拿着他从卢浮宫偷出来的伊比利亚雕塑跑到《巴黎日报》报社吹嘘自己是如何轻而易举地偷盗到了卢浮宫的宝物，他要“证明国家的艺术珍品看管得如此漫不经心”，他在声明文章中说：

我在一个昏暗的角落里停停走走，抚摸着一个丰满的脖子或一个精致的脸颊……我突然意识到要拿起和带走一件尺寸不大的物品是多么容易。

那天我穿了一件箱形大衣，我身材很瘦，这使得我往衣服里加点东西也不会引起注意……之后我来到一个大约四平方米的小房间，这是腓尼基文物展厅。

这时只剩下我一人，周围鸦雀无声，我便用这段时间来看了大约五十个头像……后来我选择了一个两边带锥形的女人头像。我把雕像放在我的胳膊下，把大衣领扣好……便走了出去，还向那个保安问路，他依然在那儿一动不动。

我把这件雕塑卖给了巴黎的一个朋友(毕加索)。他给了我一点钱——大概 50 法郎，当晚我就在台球室把它弄丢了。我对自己说，丢了也罢，所有的腓尼基雕塑都在等着我呢！

第二天，我就拿走了一个有着巨大耳朵的男人头像，耳朵这个细节吸引了我。三天后，我又从腓尼基厅旁边的大展厅里拿走了一个写着象形文字的石膏残片，我的一个朋友花 20 法郎买下了它。之后我就搬走了。

他的声明并不全都可信，明显他的偷窃是有计划的。

盖里·皮耶雷曾经是阿波利奈尔的临时秘书，毕加索对伊比利亚雕塑如此迷恋，便从盖里·皮耶雷手里购买了两尊他从卢浮宫偷来的伊比利亚雕塑。听到这个消息，毕加索与阿波利奈尔十分害怕，总是担心警察会找上门来。此时的盖里·皮耶雷早已逃之夭夭，警察抓不到皮耶雷，便逮捕了与他有关系的阿波利奈尔。毕加索也被牵扯进来。

当办案人员将毕加索抓来对质时，他非常恐惧，竟然不顾及与阿波利奈尔的友情，毫不留情地声称自己不认识阿波利奈尔。阿波利奈尔气愤极了，两人的友谊产生了巨大的裂缝，关系开始疏远。最后毕加索被取保候审，阿波利奈尔则锒铛入狱。好在皮耶雷在报上读到阿波利奈尔被捕的消息以后，就给巴黎警察总部写了一份坦白书，才为阿波利奈尔洗清了罪名，事情不了了之。

1911 年美国纽约、1912 年英国伦敦的“毕加索画展”，让毕加索名声大噪。

这时的毕加索物质生活极大丰富，感情生活却出现了问题。费尔南德与毕加索之间矛盾重重，甚至到了不可调和的地步。1912 年，费尔南德离开了毕加索，投入意大利画家乌巴尔多·奥皮的怀抱。

蜚声世界

在毕加索还没有与费尔南德分手的时候，他就已经迷恋上了一位意大利青年画家马尔塞尔·安贝尔，毕加索称她为“埃娃”。

埃娃与费尔南德完全不同，她性格恬静温顺，十分善解人意。

皮埃尔·戴认为：“埃娃与费尔南德无论是在外貌上还是生活里，是迥然相反的两个女人。埃娃瘦小、精致、聪明，她既不喜欢放荡不羁的生活，也从来不在金钱和奢侈品上挥霍。她给毕加索带来了一些有规律的生活习惯，同时，她是个烹饪的行家。当毕加索需要的时候，她可以令他的心灵安静下来。”

朋友雅各布曾这样描述埃娃：“她事无巨细地操持家务，她喜欢写作，喜欢笑。她做事沉稳，即使对邋遢的、招人厌的来客，也会以礼相待……”

可以说，费尔南德用她美丽的外表吸引着毕加索，埃娃却是与他心灵契合的精神伴侣。

他们很快坠入爱河。1912 年,毕加索与埃娃搬进了亚威农附近索古的一个别墅居住。

这一时期,毕加索进行了立体主义的一些新的探索。

他使用了一些以前从来没使用过的全新的材料,比如报纸、信件等,他将这些材料研磨成粉末,然后将这些粉末涂抹在画布上,等到它们完全干透以后,就可以保持在画布上不动了,这样整幅画就有了一定的硬度,呈现出立体的效果。

《藤椅上的静物》是他创作的首张拼贴作品。

这种剪贴的手法十分新颖,当时有人惊叹称赞,有人鄙弃批判。

1913 年 3 月,毕加索父亲病重的消息传来,他立马飞奔到巴塞罗那,陪伴在父亲床前。

两个月过后,他还是没有挽留住父亲的生命,就像当初妹妹离开他一样,这个他最亲近的“艺术指路人”永远地离开了他。

原本毕加索已经准备和埃娃结婚,由于父亲去世,婚礼被推迟了。

坏消息一个接着一个,让他没有想到的是,自己深爱的埃娃这时候被查出来得了支气管炎。

1914 年,毕加索带着埃娃来到了亚威农养病,在这里,他采用了大量的红色等鲜艳的颜色涂抹作画。他此时的创作不仅仅限于画布，墙上、凳子上，到处都是他的“佳作”。

经过多年的沉淀，此时的毕加索已经蜚声世界。

1913 年，毕加索画展在慕尼黑、柏林、纽约、布拉格等大城市举办。

1914 年 3 月，毕加索的作品《马戏团演员》参加了罗奥饭店熊皮俱乐部的拍卖会，让毕加索都没有想到的是，这幅作品竟然拍出了 11500 法郎的天价，这是第一次世界大战前毕加索个人作品的最高价。

第六章

艺术探索

埃娃病逝

《滑稽表演》

家庭生活

埃娃病逝

1914年,第一次世界大战爆发。

8月2日,法国对德国宣战,巴黎整座城市被战争的氛围笼罩。

法国的一大批画家受到感召,决定投笔从戎,穿上军装走向前线,其中包括毕加索的朋友阿波利奈尔、勃拉克等人。

对阿波利奈尔来说,参军打仗可以洗脱自己曾经涉及卢浮宫盗窃案的污名,他坚决要求参军,在巴黎申请失败后,他又跑去尼斯申请参军,终于如愿。

毕加索到亚威农车站为他的朋友们送行。巴黎仅剩下雅各布、格特鲁德等少数几个朋友。战争的恐怖气氛围绕着整个城市,他的朋友们也一个个离他而去,此时的毕加索感到十分孤独。

这一时期,毕加索的创作有向传统绘画方式回归的倾向,一方面,他推崇立体主义,并在绘画中践行;另一方面,他也不能完全抛弃古典主义的创作方法。

毕加索的画商朋友康威勒曾说:“那些在立体主义岁月做的一切只有通过合作才能做到。寂寞和孤独肯定令毕加索伤心无比。正是在这个时期,他的风格才发生偏移。”

毕加索在这一时期创作了一系列自画像和一幅画着阿波利奈尔身着戎装的漫画像。

不幸的消息又一次打击毕加索。埃娃患的不是支气管炎,而是肺结核,这在当时是一种绝症。

随着病情加重,埃娃的身体每况愈下。毕加索无微不至地照顾着她。他每日都要乘坐地铁来往于医院和他们住的寓所,毕加索曾写信给格特鲁德叙述他每日的生活状况:

> 在你离开后如果我从来没有写信给你请不要惊讶。我的生活就像地狱一样——埃娃仍然病着,健康状况每况愈下,现在她已经在疗养院住了一个月了……我生活得太痛苦了,我都没有办法工作了。我每天都要来回疗养院,有一半时间都花在坐地铁上。我实在没有心情给你写信。

此时的毕加索多么想挽留埃娃的生命,他甚至开始信奉起基督教,他向耶稣请求:“全能的主啊,请您赐福吧,请你赐以奇迹。”他画了一幅素描图,图中耶稣被钉在了十字架上。忠诚的毕加索希望有奇迹的发生。

奇迹终究没有发生,1915 年年底,埃娃结束了被病痛折磨的时光,她离开了这个世界。

费尔南德与阿波利奈尔的离开,父亲的离世,埃娃的离世,一次次的生离死别,让毕加索悲痛欲绝。

埃娃的葬礼之后,毕加索写信给格特鲁德:

我可怜的伊娃死了,我陷入了极度的悲痛之中。这些年,她对我是那么好,那么体贴……我无法诉说我此时此刻的内心感受。我是多么需要与你这样一位朋友畅谈一番啊。

对于埃娃,我们了解很少,因为毕加索以她为原型绘制的作品较少。虽然他一直没有用绘画的明确形式来展现这位恋人,但她在毕加索心目中的地位却是很高的。在她死后的很长一段时间内,毕加索都没有再绘制任何作品。

埃娃逝世的第二年,毕加索就搬到了维克多·雨果路 22 号一所带花园的房子里,这里远离市中心,毕加索在这里创作出了《胳膊撑在桌上的人》和《吉他手》等作品。

《滑稽表演》

早在埃娃去世之前，毕加索就认识了作曲家埃里克·萨蒂，埃里克·萨蒂还介绍他认识了让·科克托。

科克托是一位富有才华的诗人，同时也是一位导演，他想在自己的创作中大胆创新，将立体主义的理念运用到表演艺术之中，便来寻求毕加索的帮助。

他对毕加索仰慕已久，第一次拜访毕加索的时候，他穿了一件小丑的衣服，这让毕加索吓了一跳，他后来还将这件衣服送给毕加索留作纪念。

科克托又将毕加索介绍给了俄国芭蕾舞团的老板狄亚基列夫，他俩一见如故。

狄亚基列夫的前一部舞剧《蓝色的上帝》此时已经在美国演出，目前，他正与俄国巴黎舞团在欧洲巡回演出。当设计第二部芭蕾舞剧《滑稽表演》时，他想到了毕加索，决定与他探讨如何在芭蕾舞表演中融入美术运动中的新理念，并邀请他为这部剧设计舞台布景和服装。

对于《滑稽表演》，狄亚基列夫充满了信心，他称这部剧将“以独创的精神轰动世界”。

1917 年 2 月 17 日，受到科克托邀请，毕加索前往罗马。

意大利作为文艺复兴的发源地，可以说是古典美术的殿堂。

在这里，毕加索去了那不勒斯、佛罗伦萨、米兰等地，并且参观了维苏威火山。

古希腊、古罗马的艺术感染了他，他说：“艺术家来这里应该带上皮尺，样样都要重视，样样都得接触。”他如饥似渴地沉浸在罗马的古典文化之中。

在这里，他欣赏美丽的意大利风光，接触美丽的意大利女郎，为舞台剧设计布景和服装，忙碌却又快乐。

舞台就是他绘画的第二创作地，他将自己绘画的技巧运用于舞台剧创作中。在他的设计下，舞台成了立体的空间，与平面的人物形成了强烈的对比，给人以强大的视觉冲击力。

现实主义与立体主义的矛盾冲突在毕加索的巧妙运作下，得到了完美的融合，他已经将自己的艺术理念与创新实践运用于新的艺术形式之中，使现实主义与立体主义达到了平衡。

1917 年 5 月 18 日,《滑稽表演》在沙特莱剧院上演。

出人意料的是,《滑稽表演》并没有达到想象中的良好效果,由于剧情太过喧嚷,让观众十分反感。

值得欣慰的是,观众对于这部舞台剧的布景和服装还是称赞有加的,他们认为这是美术界的创新之作,毕加索也一跃成为更为大众所熟知的“明星人物”。

在罗马的这段时间,毕加索与舞台剧剧务工作人员的关系相处得十分融洽,他为这些朋友绘制了很多速写肖像画,这让他重新燃起了写实主义素描的小火苗。

在这期间,他结识了俄国著名作曲家伊格 · 斯拉特文斯基。他们相识相知,斯拉特文斯基有着非凡的创造力和满腹的才华,这点深深吸引着毕加索。毕加索为他绘制了不少速写肖像画。通过毕加索的描绘,《斯拉特文斯基肖像》让我们了解了这位艺术家的音容笑貌。

芭蕾舞团里美女如云,其中有一位芭蕾舞演员奥尔佳 · 柯克洛娃让毕加索青睐有加。

奥尔佳 · 柯克洛娃出生于乌克兰,她的父亲是一位俄国军队上尉,她身材姣好、面容清丽。从小热爱舞蹈的她一直坚持着自己的爱好,长大后成了一个专业舞蹈演员。

当时的她已经 26 岁了,这个年龄对于舞蹈演员来说算是“高龄”了,但在剧团中,她仅仅是一个小舞蹈演员,很难有机会担任重要的角色,只能作为领舞在舞台上展示自己。

奥尔佳并不喜欢画家,但是毕加索却是个特别的画家,他满腹才华,有着天生的吸引力。他们相爱了。

在奥尔佳的卧室,毕加索创作了《阳台》。毕加索还创作了作品专门描绘奥尔佳的发型和容貌,不像对埃娃的隐晦描绘,这种描绘是直截了当的。

与毕加索相爱以后，奥尔佳决定放弃自己的工作，专心照顾毕加索的生活起居。他们的感情迅速升温，在剧团演出结束后，两人回到了巴黎，在蒙特那斯的家里生活。

随着他们感情的日益深厚，毕加索决定娶奥尔佳为妻，并向亲戚朋友公开他们的关系。他带着奥尔佳去见了自己的家人和朋友。

毕加索首先带奥尔佳去见自己的母亲，也就是奥尔佳未来的婆婆。母亲不是很赞成毕加索娶一位俄国人当妻子，为了讨母亲开心，毕加索将自己的那幅《围着披巾的奥尔佳》送给母亲作为礼物。

母亲玛丽亚见到奥尔佳以后，觉得她出身较好、思想单纯，是个好姑娘，便害怕儿子耽误这位女孩。

她告诫奥尔佳说："我的儿子巴勃罗生来只会为自己，而从不会为别人，他绝不会使你或者任何其他女人幸福，他只对他自己有利，不对别人有利。"

然而奥尔佳已经被爱情冲昏了头脑，她并没有听进去毕加索母亲的话。事实证明，毕加索的母亲的话是正确的，他们之后的婚姻生活并不幸福。

奥尔佳的朋友们也认为毕加索性格孤僻难以相处，不是好丈夫的人选。

虽然很多人反对，1918 年 7 月 12 日，毕加索与奥尔佳还是步入了婚姻的殿堂，正式结为夫妻。

经过几段恋情之后，毕加索终于与奥尔佳修成了正果。他们在巴黎达鲁街的东正教教堂举办了婚礼，马克斯·雅各布、阿波利奈尔、科克托参加了他们的婚礼并做证婚人，婚礼过后，两人前往比亚里兹的一个别墅里度蜜月。

家庭生活

随着第一次世界大战结束,巴黎又重新回到了安定的状态,毕加索一家搬来巴黎后,画商们也纷纷回到了这里。

画商保罗·居罗姆为马蒂斯和毕加索在自己的画廊中举办了一场联合画展。这次画展展出了这两位画家具有强烈的现实主义倾向的作品。

很多人对于他们作品的风格走向不理解,还是阿波利奈尔对毕加索最为了解,他说:"他改变了方向,看上去回到了原来的道路上,但这是一次更高层次的回归,是以更坚定的步伐在向前迈进。他总是越来越伟大,总是通过研究未曾探察过的人性,或者与以往进行检验比较,来丰富自己。"

就在毕加索结婚的那年秋天,阿波利奈尔得了流行性感冒。这虽然是个小病,但对于阿波利奈尔来说却是致命的。他曾经参军入伍，在战争中受了伤，留下了后遗症，身体日渐衰弱。这次感冒让他一病不起，不幸去世了。

毕加索听到阿波利奈尔去世的消息后，愧疚感油然而生，就像他曾经没有及时救助卡萨吉玛斯一样，他曾经背叛过阿波利奈尔，在“卢浮宫偷窃事件”中抛弃了这位真诚的朋友，这对当时的阿波利奈尔来说是致命的打击。

更让他感到惭愧的是，阿波利奈尔并没有怨恨自己，而是一直默默地支持着他。

婚后不久，毕加索与奥尔佳搬到了位于巴黎市中心繁华的鲍埃蒂耶街道，开始了他们幸福的婚姻生活。

1920 年，毕加索创作出了具有古典风格的作品《德雅尼拉被劫图》。

这幅画画了一群亚马逊族女战士，她们都有着小头大身子，整幅画明暗对比强烈，质感如雕塑一般。

1921 年夏天对毕加索来说是幸福的，他和奥尔佳的儿子保罗出生了，儿子的到来让毕加索很满足，他每天都要给小保罗画素描。

为了方便度假，毕加索买下了枫丹白露的一座大山庄，他带着一家人来到了枫丹白露度假。在枫丹白露，他的艺术创作达到了巅峰。

奥尔佳是一个好妻子，她精心地为毕加索打点每日的生活，努力尽到一个妻子的责任，他们有保姆、女佣、厨师和司机，生活得十分精致。

从表面上看，妻子奥尔佳为毕加索安排了体面的生活，但毕加索并不喜欢这种虚荣的社交生活。他对朋友说他想定购一盏巴黎的街灯和一个小便池，打破别墅中的高雅整洁。

初为人父的喜悦占据了毕加索的心绪，他绘制了大量以母亲和孩子为主题的作品。这些作品大多以奥尔佳母子为模特，表现母亲和孩子之间的亲昵。这些画作色调温暖，场面温馨。画作中不仅有日期，甚至连作画的具体时间都标注得十分清楚。可见，当时的毕加索是多么的兴奋。

绘画的内容很快就转变了，不久之后，他画作中的女性形象开始变得严肃起来。也许此时，毕加索与奥尔佳的关系已经紧张起来，没有结婚当初的那种甜蜜了。

为了教育儿子保罗，奥尔佳专门聘请了一个家庭教师在家为儿子授课，但这束缚了小孩子的天性与自由，等他上学时并不能适应课堂的学习生活了。

毕加索不喜欢这样的教育方式，他教导儿子反抗奥尔佳，不要为那些礼节和烦琐的规则所限制，要勇于反抗奥尔佳的命令。

1922 年，毕加索作品的风格又发生了变化：平静与松弛代替了紧张，他画中的女性也不再凌厉，而是充满了温柔与慈爱的气息，如《白装女人》《情人》等作品。

他笔下的男性形象则是帅气俊朗的。如《潘神萧》描绘了两个男青年，他们站在海岸旁边的石头台阶上，两个人似乎在思索着什么。

从 1924 年到 1925 年，毕加索在自己所创作的油画中 ，将孩子绘制成了丑角和斗牛士。他经常指着画布上的孩子说："我就是那个小孩子，你在这儿看见了我，但是我又变了，我已经不在这里了。我从来不是固定不变的。"这里的孩子就是毕加索对深层次"自我"的描绘。

1925 年，毕加索在蒙特卡洛与之前合作过的俄罗斯芭蕾舞团的团长和演员相聚，他们开怀畅谈，怀念在一起创作的美好时光，毕加索画出了一副让人感觉毛骨悚然的画——《三个舞者》。

画中三个舞蹈者形象扭曲，左边的女人头往后仰着，中间的女人则高举双臂，右边的似乎是一个男性的侧影。

这三个舞者的身体是扁平的，但四肢、眼睛以及其他身体器官都不在它们应该在的位置上，而是被摆放得乱七八糟。他们面部表情狰狞，仿佛受到了折磨一般。

在绘制过程中，毕加索潜意识里的想法被他用这种超现实主义的手法表现出来了。

布洛东曾说："美是让人痉挛的。""从毕加索那儿，我们同意某种身体的自动性，与做梦状态几乎一致。"

这一时期，毕加索创作出了著名的《三个乐师》。这是毕加索在新古典主义时代以综合立体主义手法完成的集大成的作品，画面中三个人物，一个扮成哑剧演员，一个扮成滑稽小丑，一个扮成僧侣。他们的手非常小，被塞进了一个狭小的框子里。多视觉角度在同一个平面展现，人物身体交错在一起，几何面的相互交错。三个乐师演奏着乐器，音符强劲有力，让人感觉声音仿佛围绕在耳边一般。这幅作品中全是鲜艳的色彩与直线条。这件绘画作品展现了毕加索生活中的矛盾：奥尔佳的精神状态越来越差，他们之间的矛盾逐步加剧，但是作为父亲，毕加索还是有很多快乐时光的。

毕加索很喜欢神话传说，所以他经常将传说中的人物、凭空想象的人物以及现实中的人物融合在一起，并加以变形，创作出很多奇特的让人觉得不可思议的形象。

毕加索从来不会将自己的绘画固定在一种创作形式上，他总是不停地探索，但是又不忘回顾自己曾经的艺术探索过程。评论家曾经戏称他为"变色龙"。毕加索曾经告诉友人说："我在艺术上采用过的几种风格，绝不能被认为是发展，或者向一种未知的绘画概念演进的阶段……每逢我有一种想法想要表达时，我总是用一种我认为该用的方式把它表现出来。”

1926年1月,一位希腊青年拜访了毕加索,他的名字叫克利斯蒂安·泽尔沃斯。他在巴黎考取了哲学博士,现在拜访毕加索是想让他支持自己创办《艺术备忘录》杂志。这个杂志刊登了毕加索的作品以及有关勃拉克、马蒂斯等人的论文。这一杂志的出版提高了毕加索的影响力,也为我们了解毕加索提供了相关材料。

婚后十年,毕加索同奥尔佳已经没有了当年的激情。奥尔佳出身高贵,一副大小姐气派,毕加索性格倔强固执,不愿意听从奥尔佳的任何意见。奥尔佳让毕加索越来越难以忍受了。在奥尔佳眼里,毕加索只是一个绘画手艺人,他创作作品不过是为了追求名誉。她对生活追求精致,但毕加索却如此随意,她想让毕加索按照自己的理念有所改变,但毕加索是如此的固执,根本听不进去她的任何想法。她为毕加索购置最华美的衣服,毕加索却只喜欢穿着破旧的衣服。毕加索总是资助那些经济有困难的朋友,而她却想方设法结交上流社会的朋友。这些矛盾在两个人生活中逐渐显现出来,他们之间的差异越来越大。这时的毕加索已经急于逃离婚姻生活,两人的婚姻关系岌岌可危。

1923年夏天,毕加索带着一家人去法国南部小镇安提布度假,毕加索母亲也随行,这是她唯一一次到法国来看望孙子。9

月,他们返回巴黎。毕加索又开始为芭蕾舞剧《使神麦丘里》设计舞台布景和服装。

从1924年开始,奥尔佳的精神状况出现了问题,此时的她已经患有慢性精神病,行为异常。毕加索在他的作品中画了种种精神有问题的人的肖像画,其中《坐在扶手椅里的女人》展现了一个露齿怪笑的人物,她身材畸形、四肢被拉长,这似乎暗示了奥尔佳当时的精神状态。

1926年,毕加索用破布、琴弦和油漆等物品创作了《吉他》这幅画,画布是一个被17颗钉子刺穿的黄麻布袋,看上去新奇怪异,但又十分有趣,表现出幻觉与现实之间的复杂关系。画作刚完成,就在《超现实主义革命》上发表。这幅画表现出毕加索对自己和奥尔佳婚姻的绝望。此时毕加索已经被奥尔佳折磨得焦头烂额了,她整天对着毕加索大呼小叫,甚至追赶辱骂毕加索,让他满足自己的要求。

第七章

手握画笔的战士

感情烦恼

《格尔尼卡》

《安泰伯斯的渔夜》

陶器制作

加入共产党

感情烦恼

1927年的一天，毕加索认识了一个天真漂亮的女孩，她肤色白皙，面容精致，尤其是那对蓝色的大眼睛忽闪忽闪。一见到她，毕加索就沦陷了。

“小姐，你长得真漂亮，我是画家毕加索，我可以荣幸地为您画一张肖像吗？”毕加索小心翼翼地问道。

“我对画画一窍不通 ，我可以吗？”虽然毕加索已经名闻天下，但这位女孩好像并不认识他，出于礼貌，她还是答应了他的请求。

看到女孩没有拒绝，毕加索兴奋地说：“您可以，您当然可以，等我给您画了肖像，您就懂了。”

这个女孩名叫玛丽·泰蕾莎·瓦尔特，起初，她只是毕加索的一个模特。但渐渐的，毕加索就将她与自己的妻子奥尔佳作对比，这样一对比，奥尔佳在毕加索心目中的形象越来越差，泰蕾莎对他来说已经不仅仅是一个单纯的模特了，他对这个女孩产生了别样的感情。

出于坦诚，他告诉泰蕾莎自己已经结婚的事实，没想到泰蕾莎并不介意，他们发展成了情人关系。

1931 年，毕加索购买了布瓦热卢大庄园，作为与情人秘密居住的场所。在这里，他可以避开妻子奥尔佳，与泰蕾莎尽情地嬉戏。

在这期间，毕加索以泰蕾莎为原型，创作出了《坐着的女人》《镜前少女》《梦》等作品，并以他自己和泰蕾莎为原型创作出了著名的版画《朱庇特与赛米勒》。

《朱庇特与赛米勒》取材于罗马神话传说：赛米勒与主神朱庇特相爱，但朱庇特的妻子朱诺十分嫉妒，她陷害赛米勒，并让赛米勒请求朱庇特显示神拥有的全部力量，赛米勒为朱庇特所显示出的强大神力杀死，朱庇特从赛米勒的腹中取出他们的孩子——酒神巴克斯。

在这幅画里，毕加索就是朱庇特，泰蕾莎就是赛米勒，而凶残的妻子奥尔佳就是朱诺。毕加索用这幅画暗示了他们三个人之间的关系。

毕加索曾经在“四只猫咖啡馆”认识了胡里奥·冈萨雷斯，他

是一位金属工艺技师,技术可谓炉火纯青。

1928 年初,冈萨雷斯寄来一封信,向毕加索表达自己想要担任他的金属工艺技师的意愿,毕加索立刻答应了。在冈萨雷斯的指导与帮助下,他们一起创作了一系列金属雕塑作品。

这些雕塑作品中,《花园里的女人》最为出名。

《花园里的女人》是毕加索为纪念他的朋友阿波利奈尔专门制作的,他按照阿波利奈尔生前曾经向他描绘过的自己死后纪念像的样子来制作这个金属雕塑作品。

他们合作得十分融洽，所创作出来的作品也大放异彩，毕加索甚至获得了“公认的雕塑家”的名号。

这之后，毕加索还尝试以泰蕾莎为模特，创作了他的第一件石膏像作品——玛丽·泰蕾莎半身像。

1929年，世界经济形势衰退，艺术品市场也受到影响，很多画家的画作无人问津。但毕加索不愧是大师，他的作品不仅没有降价出售，还高价售卖，并且一画难求。

此时，毕加索的儿子保罗已经八岁了，他却在为保罗绘制的最后一幅肖像画《拿着花扮成小丑的保罗》中将儿子画成了小时候的样子。在他心目中，儿子是没有长大的。

1932年，玛丽·泰蕾莎·瓦尔特怀孕了，他们之间的秘密关系已经无法隐瞒，不久，奥尔佳就发现了泰蕾莎的存在。这时，泰蕾莎生下了一个女儿玛雅。

奥尔佳并不愿意与毕加索离婚，便与毕加索分居，她带着儿子保罗住到了毕加索购买的布瓦热卢庄园里，1955年，奥尔佳在遗憾与悲痛中离世。

玛雅一出生就受到了父亲的宠爱，他经常陪伴玛雅，带着她玩耍。曾有人这样描述玛雅：

她继承了母亲的金发碧眼，五官却与毕加索十分相像，她始终是毕加索最忠诚的同伴……在玛雅的儿童时期，毕加索从未间断地将她小女孩的形象日复一日地绘制在画册上，我们可以看到一系列令人惊讶的图像，就好像毕加索想要用图像来记录小玛雅长大的每个瞬间、每一秒钟一样。我们看到睡梦中的玛雅，吮吸拇指做着甜梦，或大声笑着，呈现出最舒服自然的身体姿态与情感表达，这个可爱的小女孩用金黄色的头发将她的父母拴在一起。

50年后，玛雅回忆起自己与父亲毕加索相处的时光时说："我一岁半时妈妈给我断了奶，我好像更爱吃妈妈的奶，而不喜欢牛排和炸土豆条，所以干脆不吃东西。爸爸翘着脚尖转来转去，跳各种舞，哄我吃东西，因为他总怕我死了，他深信孩子不吃东西就会死。爸爸边画我边喂我吃东西，我喜欢吃甜食，所以他给我吃什么都加果酱，直到现在，我吃饭时还是先吃巧克力蛋糕，而不是先喝开胃汤。过生日时，我最喜欢的是有各种巧克力甜食的晚餐。"

毕加索为泰蕾莎与玛雅绘制了大量的肖像画，如《母女》《玛雅和第一场雪》《玛雅穿着红围裙》《玛雅和洋娃娃》《玛雅在船上》等。这些肖像画多将立方体展开来，可以让观众同时看到多个面。

1936年秋天，毕加索得知他的朋友萨巴泰斯回到了巴塞罗那，便邀请他到巴黎相聚。

他们每天从白天聊到黑夜，毕加索将心中的苦闷一股脑儿向这个朋友吐露。每天吃完晚饭，毕加索还不让萨巴泰斯回去，一直拉着他兴致勃勃地侃侃而谈。

毕加索总是说："再陪我待一会儿，凌晨还没到呢。"直到深夜，毕加索才依依不舍地让萨巴泰斯离开。

这时的毕加索突发奇想，放下了自己深爱的绘画，开始转向文学创作。他将诗人高克多作为自己的榜样，学着创作诗歌和剧本。

他曾写了一首诗歌赠送给萨巴泰斯：

燃烧着友谊的煤块，
永远不误报时的钟表，
高高兴兴地挥动旗帜，
被吻在手上的气息搅扰，
心的羽翼轻轻抚动，
从果实累累的树梢，
从高空之巅飞入云霄。

虽然在绘画方面异于常人，但是毕加索好像并不擅长文学创作。他所创作的文学作品经常语法不通、逻辑混乱。

文学探索的失败，让他认识到自己确实不善于写作，他这时才发现绘画是最适合自己的。

此时，一系列的坏事让毕加索感到身心俱疲，他说："这是我一生最厄运之时。"

1936 年，毕加索认识了摄影家兼画家朵拉·玛尔。

朵拉·玛尔是一位十足的文艺女青年，虽然才 29 岁，但她已经小有名气了。她的父亲是一位建筑工程师。她 24 岁的时候，就自己开了一家摄影坊。

朵拉·玛尔十分喜欢玩餐刀，一次，当她正用手指把玩餐刀的时候，恰好被进来的毕加索看到了。他立马被这个有着鲜明个性的姑娘吸引了。很快，他们便走到了一起。

泰蕾莎发现了朵拉的存在，但她无法阻止毕加索的离开。

她日复一日地给毕加索写信试图挽回他的感情，但是毕加索对她没有丝毫的怜惜，还是绝情地离开了她。

1936 年春天，毕加索在巴塞罗那举办了自己在西班牙的第一次大型绘画作品展。

接下来的三年直到第二次世界大战爆发，他在全世界各个国家先后共举办了五十次大型作品展览会。

《格尔尼卡》

1936年，西班牙发生内战，这次内战激化了国内矛盾，并引起了德国和意大利政府的关注，他们强硬插手西班牙内政。

西班牙人听到这个消息以后，强烈邀请毕加索参加支持西班牙人民的政治斗争。虽然毕加索一直被朋友称作“最没有政治意识的人”，但他这一次决定奋勇上前，同意了西班牙政府的邀请，成为普拉多博物馆的馆长。

从1937年到1938年，毕加索创作了铜版画《佛朗哥的梦幻与谎言》来痛斥西班牙的独裁者佛朗哥。

1937年4月26日这一天，对西班牙人民来说，是灾难的一天。法西斯德国纳粹空军为了验证他们新研制的炸药威力如何，选定西班牙巴斯克区的一个小镇格尔尼卡作为试验场，用43架飞机对其进行长达三个半小时的轰炸。

德国空军一共投放了5000多颗炸弹，1000多条生命瞬间消失，整个小镇陷入一片火海，成为人间炼狱。举世震惊，人们纷纷谴责纳粹德国的暴行。

毕加索被激怒了，他原本一心只顾着艺术创作，并不想在其中掺杂社会政治的因素，但此时的他再也坐不住了，格尔尼卡的悲惨遭遇促使他创作出了不朽名作《格尔尼卡》。

作为普拉多博物馆的馆长，他被委托为这个博物馆将要开放的巴黎国际美术和工艺展览会的展馆绘制一幅大型壁画。此前他一直没有想好应该绘制什么主题。格尔尼卡事件一发生，他仅用一个多月的时间就完成了《格尔尼卡》。

《格尔尼卡》是20世纪最为出名的画作之一。

《格尔尼卡》长8米、高3米，整幅画由黑、白、灰三种主要色调构成，画面呈三角形构图。

画的中央是一只倒地的马和一位提着灯的妇女，马的肚子已经被刺穿，它的左边是一只站立的公牛、一位妇女和她死去的儿子。右边则是燃烧的房子和大喊大叫的女人。受伤的战士和灯是画面的核心部分。战士虽然受伤了，手上却一直紧紧握着他已经折断的剑。

这幅画描写战争，却并未展现飞机、炸弹、坦克、大炮等战场上经常会出现的东西，画面中的公牛、马、人看似与战争无关，却被毕加索赋予了一定的象征意义。看到这些,人们就能想象战争给人类带来的痛苦与灾难。

毕加索曾称公牛代表了残暴与黑暗,而马则代表了祖国的人民,他们遭遇苦难却勇于抗争。位于画面中心的灯的上方是发光的太阳,象征着祖国的希望。

这幅画仿佛是"一个无人哀悼的丧礼",是一个充满正义感的艺术家对于战争的有力控诉。

可以说,《格尔尼卡》是毕加索最杰出的代表作,也是他一生创作的高峰。

毕加索将他的政治情感巧妙地融入这幅画中,正如他曾说的那样:"你相信艺术家是一个什么样的人?倘若一个画家只有眼睛,就像音乐家只有两只耳朵,又如拳击家只有肌肉,岂非一个低能儿吗?其实不然,艺术家同时也是一位政治人物,他会经常关注悲欢激烈的事件,他从各个方面来作出反应。他怎能不关心别人,怎能以一种逃避现实的冷漠态度使他自己同那么丰富的生活隔离开来呢?不,绘画并不是为了装饰住宅而创作的。它是抵抗和打击敌人的一种武器。"

1937 年下半年,《格尔尼卡》在巴黎世博会的西班牙馆展出,轰动了整个画坛。它以对战争与杀戮的控诉激励着陷入战争中爱好和平的人们。

评论家们纷纷发表评论称“献给毁灭的纪念碑,是被天才的精神扩大了的义愤与恐怖的呼声。来自另一个行星的信息,它的狂暴和焦躁是我从未体验过的,使我目瞪口呆,使我感到木然”。

赫伯特·里德曾高度评价《格尔尼卡》:“艺术界很长时间都没有里程碑了,像米开朗琪罗或是鲁本斯那样具有里程碑意义。一个时代必须有一种荣耀感。艺术家必须对他的族人有信念,必须对他身处的文化有信心。这种心态在现代社会中已经绝迹……即使有所谓的纪念碑,也只会是那些消极意义的纪念碑,也就是幻灭、绝望和毁灭的纪念碑。我们时代最伟大的艺术家也不可能脱离这个窠臼。毕加索的壁画巨作就是一座毁灭的纪念碑,是他用极高的天赋创作出来的愤怒和恐惧的呐喊。”

迈克尔·莫里斯在《艺术手册》上评论道:“毕加索向我们宣告了我们的哀伤:我们所爱的一切即将消逝,因此这一切才如此需要以令人难忘的美使之体现出来,就像倾吐最后的告别那样。”

之后,《格尔尼卡》又被先后送往挪威、英国、美国展出,并被出租给美国纽约现代艺术博物馆。

直到1981年,《格尔尼卡》才被西班牙普拉多博物馆珍藏,这是毕加索的遗愿。

《格尔尼卡》绘制完成两年后,乱军取得了西班牙内战的胜利。

有一次,几个德国警察走进了毕加索的画室,指着《格尔尼卡》问他:“这是你干的?”

毕加索回答道:“不,这是你们干的。”

朵拉用她的相机拍摄了《格尔尼卡》绘制的全过程,这些照片现在还被保存在巴黎的毕加索博物馆。毕加索在绘制《格尔尼卡》过程中的许多想法都是与朵拉讨论然后得出的。这份珍贵的资料是这部伟大作品诞生过程的真实记录。

皮埃尔·戴曾说:“永远也说不清朵拉·玛尔为《格尔尼卡》付出了多少。”

不同于其他恋人,朵拉·玛尔不仅是毕加索创作时的模特原型,也是他创作过程中的良师益友。

1937 年对毕加索的艺术生涯来说是最重要、最值得纪念的一年,从这一年开始,毕加索经常用画笔当作武器,来呼唤世界和平。比如他后期创作的《猫与鸟》,鸟儿被贪婪凶残的猫咬死了,猫是那么的狡诈与凶残,画中的猫尾巴高高翘起、面容狰狞,仿佛独裁者一般,毕加索借此表达对战争的抗议和对独裁者的愤恨。

1937 年 10 月 25 日,在他 56 岁生日的当天,毕加索以朵拉为灵感来源,创作出了《哭泣的女人》这幅作品。

作品中画了一个面孔扭曲的女子,她有着吸引人的黑色眼睛,但这双眼睛却在流泪,女子手握手绢,她的脸也因为过分哀伤而扭曲变形了。

英国艺术家罗兰·彭罗斯回忆他第一次见到这幅画的情景，“油彩还没干，画还在架子上，画中的女人肯定是朵拉，她像遭受了巨大的打击，似乎肝肠寸断，脸部完全扭曲变形，眼泪大滴大滴地往下流。这种痛苦与无助有一种揪心的力量，能够打动所有第一眼看到这幅画的人，无论他是老人还是孩子”。

罗兰·彭罗斯曾向毕加索请教为何这样作画。

毕加索回答说：“艺术家不像人们所想象的那样自由。对于那些我为朵拉·玛尔而画的肖像画来说也是如此。对我来说，她是一个哭泣的女人。多年以来，我将她画成各种扭曲的形状，并不是出于虐待狂的倾向或者是快感。我只是把让我感受强烈的景象画出来而已，这就是关于朵拉的一种深层次的真实。你们看，一个艺术家是有他的限制的，并不总是像人们所想象的那样。”

罗兰·彭罗斯毫不犹豫地用 250 英镑买下了这幅作品。

1937 年，美国著名作家海明威与苏联作家爱伦堡等人在马德里组织召开了第一次国际性的作家大会，他们原本打算邀请画家毕加索来参加这次大会，但是倔强的毕加索并不想回到独裁者统治下的西班牙，无奈只能作罢。

毕加索一直都不愿意学习开车，这源于 1938 年 8 月的一场车祸。

这一天,他乘坐罗兰·彭罗斯开的车从戛纳返回巴黎,在路途中不幸发生了车祸,虽然他没有生命危险,但是全身被擦伤,从此以后,毕加索对开车这件事充满了恐惧。

《安泰伯斯的渔夜》

1939 年 1 月 13 日，毕加索的母亲玛丽亚患肠梗阻去世，遗憾的是，由于西班牙国内战乱，毕加索没有机会参加母亲的葬礼。

对于母亲的离世，毕加索没有放声大哭，只是通过艺术作品来表现自己的悲伤。毕加索习惯于用这种方式来表达。曾有朋友说："他本可以来参加葬礼的，可是他那脾气是要躲开这种场合的。他爱的人死了之后，他喜欢从此对那人保持缄默。"

没过多久，他的艺术经纪人弗拉尔又在巴黎城外遭遇车祸，当晚就在医院去世，毕加索陷入了无限悲痛之中。这位艺术经纪人曾在他最困难的时候给了他 2000 法郎巨款，帮助毕加索坚持自己的艺术之路。

1939 年 8 月，法国还没有参战，相对安全，毕加索便带着朵拉来到了法国南部地中海海滨的旅游胜地——海滨小城安泰伯斯，希望可以在这里度过一个愉快的假期。

他牵着朵拉的手在港湾散步,他多么希望战争从未发生。

他说:“当暴风雨来临之时,只要你闭上双眼,就仿佛什么都不曾发生。”

在安泰伯斯,他创作出了著名的《安泰伯斯的渔夜》,这是毕加索最后一幅重要的作品。

画中有两名渔夫,他们在离渔港不远的小船上钓鱼,其中一个人发现了鱼儿正准备动手,另外一个人则低头观察大海,判断未来的天气情况。岸边的两个少女正在悠闲地观看他们捕鱼。

或许这是真实的记录,安泰伯斯的渔夜是多么宁静祥和。

法国沦陷以后,毕加索便在奥古斯丁大街 10 号居住,他的生活简朴而平静。二战期间,他创作了上千幅素描画。

1940 年 6 月,毕加索创作出了著名的《梳发的裸女》,画中描绘了一个半蹲在地板上的裸体女性,她正在愉快地装扮。

这幅画并没有正面描绘战争场面,却饱含画家对战争所造成的破坏的控诉。

1941 年 1 月,毕加索创作了荒诞剧剧本《无法脱身的欲望》,他还在其中插入了素描自画像。

从 1942 年到 1943 年,毕加索开始将精力汇集于雕塑作品创作中。

这期间，他一共完成了76件雕塑作品，其中最为著名的便是《公牛头像》，这幅作品是用一个破旧的自行车车把和坐垫做成的。

对于这幅作品，毕加索曾说："设想我做的牛头被扔在了废品堆里，某天有位老兄碰巧在废品堆里面见到了这个牛头，也许他会说：'嗨，这东西正可以做我的自行车把手……'"

毕加索非常有创造力，他能够巧妙利用生活中随处可见的材料，经过他的巧手制作与组合，牛奶罐、硬纸板、铁管立即就变成了一件件雕塑作品。

1942年开始，朵拉开始变得精神敏感脆弱、行为怪异，毕加索不得不将她送到医院治疗。

1944年，身为战地记者的海明威专程驱车前往巴黎慕名拜访毕加索。

非常不巧的是，毕加索此时并不在奥古斯丁大街的寓所。海明威十分失望，只得写一张字条留给仆人。

仆人说："为什么不给毕加索先生留一点纪念品呢？"

海明威觉得身边没有什么合适的礼物可以送给毕加索留作纪念，便跑到自己的吉普车上搬下来一箱手榴弹，并在上面写上"海明威赠毕加索"这几个字。他将这箱手榴弹留给了毕加索，仆人十分惊讶。

1943年5月的一天，毕加索与朵拉以及几个朋友在塞纳河畔奥古斯丁大街一个名叫“卡塔鲁尼亚”的饭店吃饭，在这里，他结识了法国画家法朗索瓦兹·吉洛，不久她成为毕加索的新情人。

法朗索瓦兹·吉洛出生于1921年11月26日，她是个美丽的高个子女孩，年轻活泼，气质优雅。她的父亲是个商人。

吉洛自幼就喜欢绘画，后来通过努力成为一名画家。她曾在巴黎世界博览会西班牙馆观看过毕加索的《格尔尼卡》，但她明显更喜欢马蒂斯。

这次见面，毕加索并没有给吉洛留下好印象，但他还是热情地邀请吉洛去自己的画室参观。他向吉洛展示自己的作品和绘画思想，吉洛为他的人格魅力所吸引，竟然爱上比她大40岁的毕加索。很快，吉洛就搬进了毕加索的住宅。

毕加索以她为原型，创作出了《花枝姑娘》。

绘制时，毕加索盯着她的头看，将纸片剪成椭圆形，在上面画上五官，然后将这些纸片在画布上找到合适的位置。作品表面上展现的是欢快祥和的气氛，但可以看出其中的隐隐担忧，这是毕加索在与法朗索瓦兹交往过程中自信心不足的表现。

1947年5月15日，吉洛为毕加索生下了儿子克劳德·毕加索，毕加索兴奋不已。

陶器制作

毕加索想拓宽自己的艺术创作范围,他开始关注起了制陶技术。

他听说一个叫瓦洛里斯的小镇盛产黏土,那是制陶的好材料,便火速赶往这个小镇。

在瓦洛里斯,毕加索来到了拉米叶夫妇的制陶作坊里,从事陶器制作和装饰工作。

在这里,毕加索制作了各种形状的陶器作品。他开创了自己艺术创作的新品种,创造了鸟形瓶、女子形体的花瓶以及大大小小的盘子。他在这些器具上面画了各种各样的装饰图案,并且亲自制作动物系列的模子。

毕加索的创作让这些陶器有了生命力,它们既是一件艺术作品,也有实用价值。

在陶器制作过程中，经常会有意外情况发生，他一方面向有经验的陶器制作师傅请教，另一方面自己不断总结经验，反复进行多次试验。

他很喜欢这种探索，他曾说："制作陶艺，就像是雕刻和焙烧，好像抽奖一样，只有最后出炉的时刻，你才知道自己做了些什么，你必须适应这一点，跟陶瓷在一起，你只有听天由命。"

他的艺术新品种——陶器很快就受到了大家的喜爱，毕加索也成了这个小镇的知名人物。

毕加索还将一尊铜像《绵羊与人》赠送给了瓦洛里斯镇，放在这个小镇的中心广场上，瓦洛里斯镇也授予毕加索“荣誉市民”称号。

当地报纸称颂他：“毕加索不仅是一个伟大的艺术家，而且是一个热心的人。这尊铜像在我们镇上永久矗立，会吸引大批的游览者，这对我们的经济大有帮助。”

在这里，毕加索还创制出了独具特色的“毕加索面包”。这是一种面包卷，上面有四个尖，很像人的手指，毕加索经常把它握在袖子旁边，不仔细看，还以为他长了一只形状奇特的手。

这些陶器展现了毕加索的才华，瓦洛里斯镇也因为毕加索而名扬四海。这个曾经默默无闻的寂静小镇，逐渐发展成为国家的陶器中心。

这一时期，毕加索还在版画创作上推陈出新，他发明了许多版画制作的新技巧，创作出了许多新的石版画。

1946 年，毕加索以吉洛为原型创作出了《吉洛像》。

同一年，毕加索还创作出了《生之喜悦》。对毕加索来说，经历过第二次世界大战，自由是多么可贵，他所描绘的世界和现实的世界都让人感觉幸福。

1949 年 4 月 19 日，法朗索瓦兹又为毕加索生下了一个孩子帕洛玛，她却在帕洛玛出生后日渐消沉，两人的关系也慢慢疏离。

加入共产党

1944年10月5日，经艾吕雅和阿拉贡介绍，毕加索加入了法国共产党。

毕加索在瓦洛里斯制作陶器的同时一直都在与法国共产党组织联系，甚至于后期很多和平主义者的会议都是在他的画室里举行的。

他先后在《人道报》《新群众》等刊物上发表了《我为什么加入共产党》的文章。

他在文章中表明了自己的态度："加入共产党是我整个生活和全部工作的必然结果。我引以为豪的是，我从不把绘画看作单纯的娱乐或逃避现实的事情。我想通过绘画和它的色彩，作为我的武器，深入地了解世界和人，以便使这种了解一天天地越来越能够解放我们每一个人。这些年来的可怕压迫已向我证明，我不仅要以我的艺术来斗争,而且要以我整个身心来斗争。因此,我毫不犹豫地加入了共产党,因为根本上从一开始我就是与共产党相通的。在西班牙能欢迎我回去之前,法国共产党已经向我展开了他的怀抱,我在那里找到了那些我最珍惜的东西,最伟大的科学家、最伟大的诗人,所有在巴黎站起来的光荣而美丽的反抗的面孔,我再次置身于我的兄弟之间了。"

1949 年 4 月,巴黎也举行了以和平为主题的大会,毕加索受邀为此次大会设计一幅宣传画。

这一次,他选择了自己最熟悉的白鸽制作版画,毕加索的白鸽版画成为 1949 年共产主义国际大会的象征。

很多人认为鸽子不应该作为世界和平的象征,他们觉得"没有比野鸽更野蛮的动物了 ,我这里有几只野鸽,它们把一只可怜的小家鸽给啄死了,就因为不喜欢它,它们把它的眼珠都啄出来了,撕得粉碎,太可怕了。这怎么成了和平的象征呢?"

毕加索却将童年印象中的白鸽与《创世纪》中的鸽子与橄榄枝的传说相结合,通过白鸽版画向全世界传达和平之声。

智利诗人巴伯罗·聂鲁达曾说:"毕加索的鸽子在飞翔/飞在世界各个地方/任何力量也不能使它们/停止飞翔。"

白鸽,让他想起了小时候梅塞尔广场上的白鸽,那是他小时候绘画描摹的对象之一。受父亲影响,毕加索一生都很喜爱鸽子,一直也都有养鸽子的习惯。

1950年,朝鲜战争爆发。

毕加索听闻这个消息之后,便创作了《战争的残杀》这幅作品。

画面上人们正处在枪口之下,一个孩子由于恐惧,疯狂地奔跑,另一些孩子在母亲旁边玩游戏,他们并不知道发生了什么。毕加索画了一排钢铁结构的机器人,这些机器人手里拿的是高科技杀人武器。画家借着画中机器人的形象,谴责了侵略者的暴行。

1951年,法朗索瓦兹的个人画展在巴黎举行,这次画展受到了许多艺术家和评论家的好评。她与毕加索的两个孩子在绘画方面也很有天赋,然而毕加索只是鼓励并不指导他们。

1952年,毕加索与电影演员喜剧大师卓别林一起到巴黎出席卓别林主演的《舞台生涯》首映式。毕加索邀请卓别林去自己的家中做客。

毕加索说:“卓别林现在真正的悲剧就是他的外形再也不能胜任丑角的角色了。他的身材不像过去那样瘦削,脸部无法再表现那些滑稽的小人物的表情。他已经老了,时间已经征服了他,使他转变成另一个人了。”

表面上看他说的是卓别林,其实他说的也是自己。

战后的生活平静而安定，西班牙的斗牛活动又继续盛行，毕加索几乎每天都去观看这项活动。他总是邀请一帮朋友坐在前排，以便观察得更清楚。

虽然毕加索个子较矮，但是无论走到哪里，他都是中心人物。他早年对马戏和戏剧的爱好通过观看斗牛这项运动可以得到充分的满足，这让他回忆起自己的青春岁月。

1952 年 4 月，毕加索接受委托要将一个建于 12 世纪的教堂装饰一番。

在这里，他创作了两幅巨大的油画作品《战争》和《和平》。这两幅作品是毕加索对现实世界的描写，是第二次世界大战结束以后毕加索创作的现实主义作品。

后来，谈到这两幅作品的时候，毕加索说："按画的大小来说，这应该是我画得最快的两幅画了。"

这两幅画一直是分开陈列的，直到 1953 年秋天，当它们被安装到教堂以后，人们才发现它们是可以连接在一起成为整体的。

1953 年，《战争》与《和平》在罗马、米兰、圣保罗、里昂等地巡回展览，受到一致好评。这两幅作品被毕加索捐献给瓦洛里斯的教堂作为里面的壁画。

毕加索与法朗索瓦兹的矛盾越来越多，他经常独自一人前往巴黎等地，把法朗索瓦兹丢在家里，也不再回到法朗索瓦兹的住处。

1953 年 10 月，法朗索瓦兹带着两个孩子主动离开他，去了巴黎。法朗索瓦兹离开后，毕加索一连画了 260 幅素描作品，来追忆他与法朗索瓦兹的感情。

第八章

夕阳无限好

新的恋情

电影尝试

大师会面

第二段婚姻

巨星陨落

新的恋情

1952年，一个叫杰奎琳·罗克的女人走进了毕加索的生活，她是法朗索瓦兹的亲戚，也是毕加索曾经工作过的瓦洛里斯陶器店的售货员。此时的她刚刚离婚，并且带着一个4岁的小女孩。她娇小玲珑，也十分机灵，会说一些西班牙语。

法朗索瓦兹离开以后，她将毕加索从失去法朗索瓦兹的痛苦中拯救出来，开始照顾年迈的毕加索。

她尽心尽力地照顾着毕加索的起居，烹调美味的食物。当毕加索工作时，她能一连几个小时坐在毕加索的旁边，静静地满眼崇拜地看着他作画，或者独自去欣赏音乐、看书，有时候跟她4岁的女儿游戏。

毕加索为杰奎琳·罗克绘制了许多肖像画。她那美丽的侧影和乌溜溜的大眼睛被毕加索很好地展现了出来。

毕加索画了一幅《坐在摇椅上的杰奎琳》，他将杰奎琳描绘成一个小的胖胖的家庭主妇般不修边幅的女人，这种丑化的绘制方式也是毕加索对当时照顾自己的杰奎琳形象的反映。

在毕加索看来，杰奎琳扮演着的是女主人和女管家的角色，她性格狭隘，对毕加索有着强烈的占有欲，所有来毕加索这里的拜访者，不管是老朋友还是新朋友，都被杰奎琳以各种借口挡在门外。

在杰奎琳的照顾下，毕加索又对创作充满了激情，一口气绘制了180幅作品。他将这些作品发表在刊物《激流》上，还仿照巴尔扎克给这些作品起了一个总标题——人间喜剧。这些作品用简练的线条勾勒出了女人、小丑、马戏演员、猴子等形象。画中的女人都十分妩媚，身边人则矮小丑陋。

从这些画中，我们可以看出毕加索对衰老的恐惧及担忧。

这组画的最后几幅实际上是画家的自画像，画家似乎在说："不管我在画着什么，实际上，我一直只是在画着我自己。"

1954年，法朗索瓦兹带着孩子在复活节即将来临的时候回到南方，与毕加索共度复活节，两个孩子和父亲毕加索相处得十分愉快。

毕加索为两个孩子画了肖像画，并在这期间画了一组以金发少女西瓦尔特·大卫为模特的油画，毕加索希望法朗索瓦兹以艺

术家的身份来欣赏他的作品。

1955年，毕加索在卢浮宫和国家图书馆举办大型个人画展。这之后，毕加索在戛纳选中了一处装饰华丽的房子，这幢房子建于19世纪末20世纪初。很快，毕加索就给这幢房子添置了各种器具，花园里也都是他的雕刻作品。

电影尝试

尼斯的维克多电影制片厂的电影制片商乔治·克劳佐邀请毕加索合作拍摄一部影片，摄影师由印象派大师雷诺阿的儿子克劳佐·雷诺阿担任。他们将所拍摄的影片命名为《毕加索的奥秘》，影片要把毕加索画素描和油画的过程从头到尾拍摄下来，来记录他真实的创作过程。

事先商议时，毕加索说他每次画一幅画时都感觉自己像即将登场的斗牛士，但是这次有这么多的观众，他肯定会手忙脚乱的，要在灯光下表演好几个小时，他觉得自己更像是马戏团里的小丑。克劳佐不愧是一个优秀的电影制片商，他成功地说服了毕加索，让他高高兴兴地听自己指挥。

这年夏天，毕加索一反常态，每天一大早起来，就赶到尼斯的电影厂去，在那儿，他竟然可以坚持待在炎热的影棚里面，让聚光灯从不同角度照在自己头上。

第二年,这部电影在戛纳电影节上映。首映那天碰巧他心情不好,便躺在床上不肯去参加首映式。所有人都觉得很扫兴,特别是克劳佐和为该片作曲的毕加索的老朋友乔治·奥利克。然而在最后时刻,毕加索还是来了。他戴着一顶英国礼帽,穿着一件无尾礼服,在场的人都对他的扮相感到惊奇,随即以热烈的掌声欢迎这个“英国绅士”。

影片开始,当他看到自己的画作在荧幕上展现时十分高兴,他第一次看到了自己作画的样子。

这部影片不仅是他的艺术天赋的展现,也是他平易、坚强的个性的展现。

大师会面

1956年,中国绘画大师张大千与毕加索在尼斯见面,一时间颇受众人瞩目。

张大千年轻的时候就听闻毕加索的大名,但是直到1956年7月才和毕加索相遇。

那时候张大千赴巴黎办画展并旅游访友,当他听说毕加索当时正在戛纳附近的一个小镇,准备自己陶器展的开幕工作,一时兴起,打算拜访毕加索。但当他对赵无极等朋友提出这个想法时,立即遭到众人的反对,他们认为是毕加索在当时声望如日中天,架子极大,无论是谁都会吃闭门羹。而且当时张大千在巴黎办画展,备受瞩目,张大千是中国画家的代表,万一遭到拒绝,整个中国艺术界都很没面子,因此没有人愿意帮张大千联系。众人的反对意见却激起了张大千的斗志,他认为自己远道而来,以礼求见，就算不见也无伤大雅，何必把这件事看得那么严重。于是，他又转向当初邀请他到法国办画展的博物馆馆长萨尔求帮忙，没想到萨尔也不答应。他决定自己主动联系。他想办法弄到了毕加索的电话，和妻子带上翻译，坐上火车直奔戛纳，一住进宾馆他就让翻译给毕加索家打电话，电话中称“中国画家张大千远道而来，希望能访谈会晤，请指定时间及地点”。对方留下了张大千的电话，过了一两个小时，回电话表示同意，约定了时间和地点。后来又经过一番周折，终于在 1956 年 7 月底，张大千与毕加索在他的私人别墅“加州庄园”见面了。

张大千发现毕加索的画室堆满了各种黑人雕像、非洲艺术的书籍和资料，这与他想象中的毕加索的画室不太一样，因此他说：“予之访毕氏也，初乃钦其创作之潜力，亦示敬老尊贤之意，及至晤聚，观其满室图书，与夫博采艺术原始资料，始惊其学有本源，非率而命笔也。”

就在他们谈话的时候，正好有一位画商拿着毕加索的 5 张作品请他辨别真伪，毕加索就请张大千代为鉴定。张大千知道这是毕加索在考验自己，仔细观摩一翻，张大千挑出两幅说是假的，毕加索十分高兴，画商目瞪口呆。

张大千是中国画鉴定专家，其鉴识眼光极其深广博大，但他对西方画一窍不通，更不用说像毕加索那样的现代绘画了。张大千是根据什么判断的呢？这让毕加索也捉摸不透。

张大千告诉毕加索，中国画使用的是特殊的工具材料——毛笔。这种工具含水量大，充满了各种层次的变化。他还向毕加索讲述了中国画的特色。毕加索在听了张大千的这番话后，表示认同，并深深感慨：“我一向以为西方白人是没什么艺术可言的，综观世界而言，第一只有中国人有艺术，其次是日本有艺术，第三则数非洲的黑人有艺术。我多年来深感疑惑的是，为何竟有如此多的中国人与东方人到巴黎学习艺术，舍本逐末而不自知，实在令人感到遗憾。”

1975 年 9 月，《中西名家画展》展出了 380 幅毕加索晚年的作品，张大千应邀写了《毕加索晚期创作展序言》，这篇序言写得十分精炼，全文不到 1000 字，既高度评价了毕加索的艺术成就，又剖析了东西方绘画的相似相通之处。

第二段婚姻

1960年,伦敦泰特美术馆举办了毕加索作品大型回顾展。

英国女王说:"毕加索是本世纪最伟大的艺术家。"媒体称"他的艺术超越了视觉上单纯的美,达到了一种更高的境界——怡情悦性"。

1961年3月2日,已经80岁高龄的毕加索与杰奎琳在瓦洛市市政厅举行婚礼,这是他的第二段婚姻,他们婚后搬到了穆冉。

这一时期的毕加索仍然有十分丰富的作品问世,但是精品较少。

1963年,毕加索绘制了《画家与模特儿》这幅著名的作品,这幅画展现出了晚年的毕加索的想法:他是天才,他可以创造举世闻名的作品。这一年,毕加索美术馆在巴塞罗那开馆。

1964年,法朗索瓦兹·吉洛出版了《我与毕加索的生活》,先是英文版,后又有法文版面世。书中将毕加索描绘得可笑可憎,将杰奎琳描绘得卑鄙不堪。毕加索十分愤怒,杰奎琳也感到很不满。

毕加索起诉了法朗索瓦兹,要求她停止发行这本书。法朗索瓦兹的辩护律师称:"毕加索不是镶嵌在玻璃画上的圣徒,难免会有错误,所以也可以受到批评。吉洛夫人并没有超越传记作家的权力。一部传记不必一定是一篇颂词——毕加索半个多世纪以来一直乐于为公众所熟知,他曾经穿着斗牛士的服装、马戏团丑角的服装或赤条条地躺在澡盆里让人拍照,刊登在杂志上。而今天,他突然表现出保密的癖好,但迟了一步。"法庭驳回了他的请求,他再次上诉,并联合 40 多位艺术界的名人签署宣言,要求销毁这本书。毕加索又一次败诉,这本书还是没有被收回。

毕加索耗尽了全部精力,这种精神上的打击让毕加索无心创作。这段时间,他的作品大多是版画和素描,描绘的对象多是他早年爱画的马戏团的人物等。

1965 年,毕加索又动了一次前列腺的手术,术后恢复得还算可以。

1966 年 7 月,毕加索又开始绘画创作了。

1968 年,毕加索捐赠了 58 件作品给毕加索美术馆。

1969 年到 1970 年,他的作品在亚威农教皇宫展出。这之后,每当他的生日到来之际,世界各地都会自发举办毕加索美术作品回顾展。

1971年10月25日，在毕加索90岁寿辰时，法国政府在巴黎卢浮宫举办了毕加索新作展，毕加索亲自挑选了展出的画。法国总统蓬皮杜亲自为画展剪彩，并说："毕加索是一座火山，不管他是在画一张妇女的脸，还是在画一个丑角，他始终充满了青春的活力。"能够被邀请在卢浮宫进行作品单独展览，这是无上光荣。毕加索却不以为然，甚至都没有去参加画展的开幕式，只是派了儿子去做代表。巴黎政府还授予毕加索"荣誉市民"称号。

杰奎琳陪着毕加索度过了他人生的最后二十多年，在这期间，毕加索为杰奎琳绘制了大约400幅肖像作品，画中的杰奎琳都有着超级长的脖子，这显现了杰奎琳以爱的名义对毕加索有着近乎疯狂的占有欲。

有人赞美夕阳，她却说："一个人若能有幸守在毕加索面前，就不需要再看夕阳。"她不允许毕加索的儿女和朋友来探望他。毕加索过世后，也不允许他的儿女来参加他的葬礼，她自己一个人为毕加索守灵。保罗曾经抱怨，在毕加索生命的最后几年，他也只能偷偷地与毕加索相见……那些中间人：园丁、司机、秘书，不用得到杰奎琳的指示，就可以连眉头都不皱一下地回绝所有与毕加索见面的请求。"先生在工作，不能被打扰……"这是杰奎琳最常说的一句话。

巨星陨落

1973 年 4 月 8 日，法国电视台宣布了毕加索逝世的消息，随后，全世界各国电视台都宣布了这个让人悲痛的消息。

在弥留之际，毕加索一直呼唤着阿波利奈尔的名字。这位已经逝世多年的朋友曾经是毕加索艺术的展现者，毕加索可以在他的评论里感受到自己的价值，在阿波利奈尔之后，再也没有人像他那样了解毕加索了。

在毕加索最后的时光里，他依然十分勤奋，每天早上看书和回信，晚上工作到凌晨才休息。毕加索曾经说过："我不怕死，死亡是一种美，我所怕的是久病而不能工作，那是浪费时间。"

毕加索临终时，曾嘱托说不允许任何人瞻仰他在棺材中的样子，他死后，杰奎琳独自过了十几年痛苦的日子，1986 年 10 月的一天，她举起枪，结束了自己的生命。留下了毕加索的全部作品。

西班牙著名诗人拉斐尔·阿尔伯迪在电视台向全西班牙人发表演说:“人民将永远了解和热爱他。毕加索来自人民,他的胸膛里永远充满着创作的气息。”

西班牙当代著名画家萨尔瓦多·达利说:“毕加索是一个天才,因为他比任何人都更加了解世界上的一切事物。”

毕加索的一生都在追求着自己不可能完成的事,他的无力感与日俱增,直到晚年,直到生命终结。

他曾对毕格农说:“最糟糕的事情就是一个画家永远完不成一幅画……你永远也写不出‘画好了’这几个字。”

毕加索一直对艺术、对美、对生命狂热追求,这成就了他的伟大。